Couvertures supérieure et inférieure manquantes

BEAUMIGNON

FRANTZ JOURDAIN

BEAUMIGNON

DESSINS DE

Mlle ABBÉMA,
MM. TANCRÈDE ABRAHAM, BARILLOT,
BESNARD, COMBA, COUTURIER, DAMOUR, DANTAN,
DESNOULIN, JULES GARNIER, JEANNIOT, GASTON JOURDAIN,
LUNEL, MARS, MONTÉGUT, MONTENARD,
DU PATY, PILLE, ROLL,
E. TOUDOUZE.

PARIS
Jules Lévy, Libraire-Éditeur
2, RUE ANTOINE-DUBOIS, 2
—
1886
Tous droits réservés

A MA MÈRE,

A MA FEMME,

A MES ENFANTS,

Je dédie ces pages,
écrites pour eux et près d'eux, dans l'intimité de mon cher foyer.

F. J.

PRÉFACE

N'y aurait-il dans votre livre, mon cher Jourdain, que les notes intimes sur Vallès, votre livre « vaudrait l'argent », et je vous engagerais à le publier, malgré vos craintes et vos scrupules d'homme qui ne fait pas son métier d'écrire. Rien de plus curieux en effet que ces souvenirs d'enfance, cette vision sauvage et droite de vos tout jeunes yeux qui ont su si bien dégager du tatouage de guerre et des oripeaux de chef Apache socialiste dont il s'affublait, un Vallès humain et tendre, gardant même dans les misères et le servage du pionnat une bonté pour les petits, pour les faibles, un sourire pitoyable qui éclaire son masque dur. Vous nous rendez le vrai Jacques Vingtras, et, en vous lisant, je me suis expliqué certaines attractions qui, en dehors de l'estime et de la sympathie littéraires, me rapprochaient d'un homme très loin de mes idées et que je connaissais mal, l'ayant entrevu seulement dans sa parade pour la rue.

C'est en date, ce Vallès ignoré, votre première et vive impression; et depuis — au hasard de la vie et de ses tournants — je vois que vous avez continué à prendre des notes avec une sincérité pareille, car tout votre livre, par un procédé bien moderne, semble sorti d'un de ces petits carnets qui vous servent dans vos expertises d'architecte, mais où vous notez en même temps le trait humain, l'observation pittoresque rencontrés sur votre route.

Beaumignon a vécu, on le devine, aussi le Clown, et La petite Morte, et le héros de Génie Civil.

Vous avez donc bien fait, cher ami, de conserver et de réunir cet « au jour le jour » de vos impressions, sans prétention définitive à la littérature, vous contentant d'écrire comme on crayonne, surtout pour le mouvement et la vérité du croquis.

ALPHONSE DAUDET.

BEAUMIGNON

I

A Gustave Toudouze.

Il se nommait Beaumignon.

Tout d'abord nous avions cru à une charge ; Beaumignon ! on ne s'appelle pas Beaumignon, si ce n'est dans Paul de Kock ou dans le vieux répertoire du Palais-Royal. Mais pas du tout, c'était son vrai nom, inscrit en belle ronde sur les registres du IIe arrondissement; Ulysse Beaumignon, qui plus est, né de Philippe-Anatole Beaumignon et de Marianne-Célestine-Louise Rudeaux, son épouse.

Je me rappelle encore le succès de son entrée à l'atelier ; ce fut de l'enthousiasme, du délire, de la folie. Pareil nouveau ne nous était jamais tombé sous la main et, de mémoire de peintre, on n'avait eu semblable aubaine.

Petit, déjà bedonnant, malgré ses vingt-deux ans, avec des pieds envahissants, des mains en racine de buis, de gros yeux bleus à fleur de tête, une face constellée de boutons, une barbe rare et mal plan-

tée, Beaumignon avait été gratifié par la Nature d'une de ces laideurs bêtes qui font retourner les passants. Chose bizarre, le malheureux la soulignait encore, cette laideur, par une mise extravagante : un pantalon à carreaux rentré dans des bottes à l'écuyère, un gilet de soie grenat à boutons de cristal, un veston de velours noir, un foulard blanc au cou et un énorme feutre mou sur la tête. A peu près réussi comme résurrection archéologique du rapin de Gavarni, mais totalement ridicule, cet extérieur tapageur donnait à l'arrivant l'aspect d'un photographe de banlieue.

Très correct dans sa redingote à la mode, le patron lui-même n'avait pu retenir un léger sourire en nous présentant « Monsieur Beaumignon, un nouveau camarade ». Dès qu'il fut parti, on se rua sur le néophyte qui s'était assis dans un coin, un peu interloqué par la vue du modèle de femme sur la table, mais pas trop intimidé, avec un sourire aux lèvres et l'attitude engageante de quelqu'un qui n'a pas l'intention de faire des façons pour rompre la glace.

Elle ne fut pas rompue, la glace, elle fut pulvérisée.

Comme à l'Académie en signe de deuil, la séance fut levée, et les scies les plus abracadabrantes plurent drues comme grêle sur Beaumignon qui, impassible sous l'orage, se prêta avec une inaltérable bonne humeur à toutes nos charges et prit le parti de rire encore plus fort que nous des énormités qu'on lui faisait dire et faire.

Sans hésiter, dès qu'il en reçut l'ordre, il se déshabilla, monta sur la table à modèle et entonna, d'une voix aigrelette, la chanson imposée aux nouveaux. Il ne put achever le premier couplet. La vue de ce torse, moitié silène, moitié atzèque, déchaîna une telle tempête d'hilarité que nous fûmes désarmés et que la torture se changea brusquement en apothéose.

Beaumignon eut à peine le temps de remettre ses vêtements ; hissé sur deux chevalets, il fut porté en triomphe jusqu'au café Laffite où il pénétra en tenant à la main ses diablesses de bottes dans lesquelles il n'avait jamais pu rentrer. On dut toaster pas mal, car ce n'est qu'à dix heures que nous nous formâmes en monôme pour gagner Bullier. A minuit, lorsque je quittai notre nouveau — chaussé d'espadrilles données par un garçon, — il était gris comme un escadron de lanciers polonais et il voulait absolument demander à la statue du maréchal Ney son opinion sur Raphaël.

II

Si la première impression avait été inattendue, les relations qui s'établirent entre Beaumignon et nous furent la cause d'étonnements énormes.

Et d'abord pourquoi, grand Dieu ! faisait-il de

l'Art? On avait beau le tourner et le retourner, on ne trouvait pas le mot de cette énigme. Rien dans ses goûts, sa nature, son éducation, son origine, sa vie qu'il racontait avec un laisser-aller naïf, rien n'expliquait, même indirectement, le choix de sa carrière.

Beaumignon avait perdu sa mère encore enfant. Son père, petit comptable chez un droguiste de la rue Sainte-Croix de la Bretonnerie, l'avait entouré de toutes les tendresses d'une femme, mais il n'avait pu, à son grand chagrin, lui donner que l'instruction de l'école communale. Avec quinze cents francs par an, on ne va pas loin, à Paris, et il ne fallait pas songer au collège.

Du reste le petit Ulysse, ainsi qu'il l'avouait lui-même en riant, ne mordait pas facilement à « l'Arbre de la Science. » Aussi ne savait-il pas grand'chose, quand, la première communion faite, il fallut quitter l'école et entrer chez un épicier en gros.

Il y resta six ans, ficelant des paquets, roulant des ballots, pesant de la gomme et de la canelle, faisant, en un mot, ce qu'on appelle — je ne sais pourquoi — l'apprentissage du commerce.

Souffrit-il de cette dure et plate existence? Nous ne le sûmes jamais, car il parlait de ces années-là sans amertume et sans tristesse.

A dix-huit ans, un coup de théâtre changea brusquement sa position.

Le frère de sa mère, assez mauvais drôle dont on n'avait aucunes nouvelles depuis longtemps, mourut en Afrique en laissant à son neveu 400,000 francs, gagnés dans des opérations plus ou moins véreuses. La mélasse fut aussitôt abandonnée par notre futur peintre qui arracha son père à ses additions, enchanté de pouvoir procurer au brave homme le bien-être qu'il désirait ardemment lui donner depuis longtemps.

Une fois habitué à l'idée d'être riche, Beaumignon se demanda ce qu'il allait faire. Vivre en flâneur, en mondain ? La pensée ne lui en vint même pas. — Embrasser une carrière libérale ? Il comprit qu'il n'était plus en âge de commencer les études indispensables pour devenir médecin, avocat ou ingénieur. — Le commerce ? Les débuts dans l'épicerie où il n'avait guère appris qu'à traîner une charrette à bras et à attraper des engelures, avaient tué en lui l'enthousiasme et lui ôtaient la tentation de recommencer. — La Bourse, les affaires ? Ces deux mots, il ne les comprenait que vaguement, mais ses instincts d'économie, de méfiance, de probité lui inspiraient de l'éloignement, presque de la terreur pour un métier qu'il ne pouvait nettement expliquer.

Plusieurs mois s'écoulèrent dans ces hésitations. Un matin, en lisant dans un journal le récit d'une vente de tableaux qui avaient atteint des prix fabuleux, le désir lui vint de se faire peintre. Et alors sans élan, sans passion, tranquillement, comme on achèterait un parapluie ou une paire de gants, il alla prendre des leçons de dessin chez un professeur au rabais dont il avait lu le nom et l'adresse à la vitrine d'un encadreur.

Beaumignon s'était dit que, pour mettre de la couleur sur une toile, le latin ni le grec n'étaient nécessaires; que le métier ne devait pas être difficile puisqu'il y avait chaque année tant de tableaux au Palais de l'Industrie; que les artistes, fêtés, choyés, adulés, riches, décorés, aimés de toutes les femmes à la fois, menaient une existence de coq-en-pâte, et qu'enfin il ne risquait pas grand'chose.

Sa patience, sa ténacité, sa régularité d'employé produisirent d'abord quelques progrès. Il parvint à camper, tant bien que mal, un antique sur ses jambes, et à modeler un morceau; mais le sentiment brilla par son absence. L'impression des dessins qu'il nous montra était d'un comique irrésistible; sous son crayon, la Diane de Gabies prenait l'aspect de madame Thierret et le Discobole ressemblait à M. Thiers au bain. Les études qu'il fit au Louvre lui apprirent les classifications d'Écoles, rien de plus. Il admirait, mais de confiance et de chic, un nom, plutôt qu'une œuvre; au fond, c'était uniquement le sujet qui l'empoignait dans un tableau, « l'idée » comme il disait.

Aussitôt qu'il sut tailler un bout de fusain, il

s'affubla de l'étrange accoutrement qui avait causé notre stupéfaction, lors de son entrée à l'atelier, et il commanda des cartes de visite ainsi libellées :

ULYSSE BEAUMIGNON

Artiste-peintre.

III

Ce type curieux — aussi rare dans notre milieu qu'une dent de mammouth dans la mâchoire d'un lapin — devint le point de mire de l'atelier entier. Les expressions, les aperçus, les histoires du nouveau, sa personne, ses manières, sa peinture furent le thème de lazzis et de quolibets incessants. A tout instant, on consignait en grosses lettres sur les murs — entre deux adresses de modèles — les bêtises, les naïvetés et aussi les fautes de français qui échappaient au pauvre Ulysse, et chaque citation se terminait par le sacramentel *Beaumignon dixit, le.....*

A la fin pourtant les charges s'émoussèrent et ce fut une véritable sympathie que nous ressentîmes pour cet excellent être qui, gardant son attitude du premier jour, n'avait jamais laissé échapper un mouvement de colère ni de mauvaise humeur contre ses persécuteurs. Eh ! oui, il était bête, ridicule, mal doué, pas artiste pour deux sous, mais quel brave garçon ! Toujours gai, vraiment heureux du succès des camarades, constamment prêt à rendre service, la bourse ouverte, la main tendue, Beaumignon nous était, peu à peu, devenu aussi indispensable que la terrine au savon noir ; il faisait partie du mobilier de l'atelier.

On le blaguait encore de temps en temps, par habitude, mais il ne comptait pas un ennemi parmi nous.

Pendant quatre ans, l'ancien garçon épicier travailla sans relâche, avec la régularité d'une boîte à musique, mais les progrès traînaient la jambe et le talent ne venait pas. Chaque fois que Beaumignon se présentait aux Beaux-Arts — où il était devenu légendaire — il était invariablement refusé ; c'était chronométrique et le patron avait fini par ne plus lui demander des nouvelles de ses concours. Il subissait d'ailleurs ses échecs avec son immuable égalité d'humeur ordinaire et il semblait réfractaire au découragement et à la mélancolie.

Un jour pourtant, je le vis triste. Depuis quelque temps, il ne riait plus de nos scies, il ne nous accompagnait plus au café, il peignait sa figure en silence, lui qui chantonnait toujours et invariablement *Haydée* ou *la Fille du Régiment*.

Il devait y avoir un gros chagrin là-dessous.

La séance terminée, nous trouvant seuls à l'atelier, je lui frappai sur l'épaule pendant qu'il nettoyait ses pinceaux.

— Eh! bien, mon vieux, ça ne va donc pas? Tu es sombre comme une bouteille d'encre; on dirait que tu viens d'enterrer Michel-Ange.

Beaumignon continua à frotter ses brosses dans le creux de sa main.

— Dame, tu sais, me répondit-il sans lever la tête, il y a des jours où l'on n'est pas en train.

— Parce que tu as été retoqué à la figure?

— Ma foi, non. La peinture ce n'est pas cela qui m'inquiète; je sens au contraire que j'y suis, car maintenant je connais ma palette. Ce qui m'embête c'est que..... c'est que..... je veux me marier et que mon père refuse son consentement. Oh! je sais bien, tu vas me blaguer, mais si tu étais à ma place, je t'assure que tu n'aurais pas envie de rire.

En entendant mon camarade m'affirmer qu'il « connaissait sa palette », mon premier mouvement avait été d'illustrer immédiatement les murs de cette nouvelle insanité; mais la voix du pauvre être était si angoissée, l'impression de sa figure était si sincèrement douloureuse, que j'abandonnai toute idée de charge et que je me sentis pris de pitié.

— Mon cher, répondis-je, la preuve que je ne veux pas te blaguer, c'est que je te conseille de garder tes petites affaires pour toi et de n'en pas parler à l'atelier.

Beaumignon leva sur moi ses yeux de chien battu. Indécis, inquiet, il chercha à deviner si je parlais sérieusement et si je ne lui tendais pas un piège pour l'entraîner à quelque bêtise comme nous faisions souvent. Puis, brusquement, dans un mouvement d'enfant, il me sauta au cou.

— Tant pis, toi du moins, fit-il, tu connaîtras mes ennuis ; je n'ai pas un ami à qui je puisse les confier et j'ai le cœur qui me crève.

Nous nous assîmes sur la table à modèle et, d'un trait, sans s'arrêter, comme quelqu'un qui a hâte d'en finir, il me raconta « ses embêtements ».

Une cousine de son père était revenue de Pologne où elle faisait une éducation particulière. Elle avait épousé un prince de pacotille ruiné qui se grisait, la battait, dépensait avec les filles ce qu'elle gagnait. Restée veuve avec une enfant et sans un sou, elle repartit pour la France. Touché de sa situation précaire, Beaumignon lui était venu en aide ; puis trouvant que sa maison manquait de femme, il avait installé chez lui sa parente en la priant de s'occuper du ménage. Peu de temps après cette prise de possession, la fille de madame Pérouska fut renvoyée de la pension où l'on devait trois trimestres et Ulysse trouva naturel que la mère lui offrît l'hospitalité — chez lui.

Malheureusement ou heureusement — cela dépend — elle avait dix-sept ans la petite cousine, elle était jolie, très tendre et elle s'éprit follement de son cousin, du-moins à ce que m'affirma Beaumignon. Peu habitué à jouer les Don Juan, celui-ci ne résista pas et sa passion atteignit bientôt le même degré de température que celle de la jeune fille.

En brave garçon qu'il était — ou en nigaud, cela dépend encore — il laissa son appartement à « ces dames » pour couper court aux cancans qui allaient bon train ; il se logea dans les environs et sollicita officiellement la main de Caroline. Sa demande, bien entendu, fut accueillie d'emblée et l'on prit jour pour publier les bans.

Restait à obtenir le consentement du père de Beaumignon. Rien de plus simple, une pure formalité, n'est-ce-pas ? Eh ! bien, pas du tout. Impossible de le décrocher, ce malheureux consentement ; prières, emportements, larmes même, tout fut inutile. Le bonhomme avait pris en grippe les Pérouska qu'il traitait d'aventurières, et qui, prétendait-il, avaient empaumé son bênet d'Ulysse uniquement à cause de sa fortune. Or, Beaumignon professait un véritable culte pour celui qui avait remplacé la mère absente par mille câlineries, mille soins, mille tendresses dont le souvenir l'emplissait tout entier, et il se désespérait à la pensée de braver l'être qu'il aimait tant. Son père l'avait prévenu que, si ce mariage s'accomplissait, il retournerait à son ancien emploi, ne voulant plus vivre de la pension que son fils lui servait. Et cette menace bouleversait le brave garçon, le rendait lâche et hésitant. Épouvanté de la vision de son « papa travaillant pendant que lui, se gobergerait », il se mit à pleurer en étouffant de gros sanglots.

J'essayais de remonter mon interlocuteur, mais je compris que les phrases courantes, débitées cependant de bonne foi par moi, ne pouvaient rompre le dilemme qui l'enserrait. Au fond, je ne prenais d'ailleurs pas au sérieux cette amourette. La fatalité qui s'acharne après certains êtres est telle que, même dans le malheur, le ridicule les poursuit et que rien ne peut les en délivrer. Malgré ses yeux gonflés de larmes, malgré sa réelle douleur, je ne voyais pas Beaumignon en Roméo ou en Werther.

Sur l'assurance bête que je lui donnai, d'un air convaincu, qu'en ce monde tout s'arrangeait tôt ou tard, il me remercia chaudement de mon intérêt et partit un peu consolé.

Le lendemain ni les jours suivants, mon amoureux ne parut à l'atelier. Je passai souvent chez lui pour savoir ce qu'il devenait et, invariablement, sa domestique me faisait la même réponse : « Monsieur est en voyage, il reviendra sous peu. »

Un soir, je reçus enfin de Beaumignon une lettre datée d'Anvers dans laquelle il m'annonçait emphatiquement qu'il avait été étudier « les Maîtres » en Belgique d'où il rapportait des montagnes d'études.

En terminant, il m'apprenait qu'il épousait mademoiselle Pérouska et, en souvenir de ma « bonne sympathie » pour lui, il me priait de vouloir bien être son témoin.

Le père avait-il cédé? — Pas un mot à ce sujet.

IV

Le mariage eut lieu au Vésinet où Beaumignon possédait une maison de campagne.

La noce ne fut pas gaie, car, malgré ses efforts, je vis que le marié ne parvenait pas à se débarrasser du nuage de tristesse que l'absence de son père, dans un jour pareil, lui avait jeté sur le cœur. Je le sus depuis, le vieux comptable avait tenu ferme : il avait exigé les sommations respectueuses, et, fidèle à sa parole, avait repris une place de teneur de livres dans son ancien quartier.

« Ces dames » ne me plurent guère.

Avec ses petits cris, ses étonnements constants, ses naïvetés de cabotine, la mariée me parut plus ingénue que nature; fort appétissante d'ailleurs sous le voile blanc qui adoucissait l'exubérance de sa beauté blonde et donnait un joli flou à l'éclat de son teint et de ses yeux.

La maman Pérouska, elle, me crispa tout à fait.

Son obséquiosité, ses prétentions, ses grandes manières en *toc*, sa loquacité, son accent panaché, sa toilette extravagante, ses placards de poudre de riz lui plâtrant inégalement le visage, la faisaient ressembler à une madame Cardinal exotique.

Et puis il y avait vraiment trop de Polonais à la fête. A l'exception du patron et du massier de l'atelier, tous les invités étaient Polonais. On se serait cru enrôlé dans le régiment de Poniatowski et, machinalement, on se tâtait pour sentir s'il ne vous poussait pas des brandebourgs et de l'astrakan.

Le lunch terminé, je préparais une modeste sortie à l'anglaise, lorsque, près de la porte, Beaumignon m'arrêta par le bras.

— Attends-donc, lâcheur, rien ne te presse. Avant de t'en aller, il faut que je te présente notre compagnon de voyage. Eh! Stanislas, amenez-vous donc par ici.

Un grand jeune homme mince, joli garçon, un peu fade, mais très élégant, sous son habit à la dernière mode, s'approcha de nous et me salua en se fourrant, d'un geste automatique, le menton dans la poitrine, sans bouger le torse.

— M. Ogolowski, le comte Ogolowski, je veux dire, mon garçon d'honneur, qui nous accompagne en Italie.

L'idée d'un voyage de noce à trois était tellement saugrenue que je crus avoir mal compris.

— Comment, monsieur part avec vous ? fis-je ahuri.
— Certainement. C'est moi qui ai eu cette idée-là. M. Ogolowski, un ancien ami de la famille de ma femme, est attaché au Ministère des Affaires Étrangères ; il a mis ses relations à notre disposition et, ma foi, j'ai trouvé que le plus simple était de l'emmener avec nous. Il nous pilotera là-bas, dans toutes ces villes que je ne connais pas, ça ira comme sur des roulettes ; d'autant plus qu'il parle italien comme feu Macaroni, ajouta-t-il avec un gros rire. Fameux hein ?
— Parfait, mon cher, parfait. Monsieur, enchanté de...

M. Ogolowski et moi nous échangeâmes un regard qui n'était pas précisément chargé de bienveillance, et nous nous tournâmes le dos en oubliant de nous serrer la main.

V

Aussitôt de retour à Paris, mon ancien camarade me pria de venir dîner chez lui.

En me voyant entrer dans son atelier, Beaumignon poussa des hourras joyeux et m'embrassa sur les deux joues.

J'ai rarement rencontré un homme aussi heureux.

Son voyage en Italie, le sacrait définitivement *artiste* à ses propres yeux, il exultait : Rome, Florence, Venise, Naples, qui revenaient constamment dans la conversation, prenaient, dans sa bouche, des sonorités de fanfare. Il admirait tout pêle-mêle, sans nuances et, naïvement, il s'emballait autant pour les platitudes boursouflées que pour les véritables chefs-d'œuvre. Intimement mêlé à son enthousiasme artistique, le nom de sa femme se trouvait constamment accolé à celui de Michel-Ange, de Lucca della Robia et de Véronèse.

— Le palais Pitti, hein Caroline ? — Quel peintre que Titien, n'est-ce pas Caroline ? — Te rappelles-tu, Caroline, les fresques d'Orcagna ? — Et Ogolowski, dis-donc Caroline en voilà un ami !

Je l'avais oublié celui-là.

— Ah! oui, au fait, qu'est-ce qu'il est devenu ton compagnon de voyage ?

— Tu vas le voir, il dine avec nous. Il a été d'une complaisance dont tu n'as pas d'idée! Ses amis des Consulats sur lesquels nous comptions étaient absents, par exemple — une vrai déveine — tous en congé ou malades, mais il les a remplacés par son obligeance, son amabilité, son dévouement. Et puis, quel chic! Nous autres artistes, il faut le reconnaître, c'est plus ça; non, tu sais, il y a autre chose, mais ce n'est pas ça, nous n'avons pas ce je ne sais quoi qui distingue d'emblée un homme destiné à la diplomatie. Et dire qu'un garçon pareil est obligé de vivre avec ses dix-huit cents francs d'appointements ! C'est dégoûtant.

— Comment dix-huit-cents francs ? Mais il est mis comme Morny !

L'entrée d'Ogolowski — plus irréprochable que jamais — empêcha mon camarade de me répondre et l'on se mit à table.

Ma première impression sur l'attaché avait manqué d'enthousiasme, la seconde fut carrément mauvaise. Ce bellâtre, doublé d'un imbécile, cach une nullité prétentieuse, sous un vernis mondain, capable seulement d'éblouir un ancien commis épicier.

Son attitude vis-à-vis de Beaumignon me choquait. Il avait une façon de le plaisanter, en jetant à la jeune femme un regard en coulisse qui m'agaçait. Celle-ci, je dois le dire, n'encourageait nullement ces œillades et conservait une attitude aisée sans familiarité qui réduisait à néant les calculs de probabilité dont ma cervelle était bourrée depuis le potage.

Comme à l'atelier, Beaumignon acceptait en riant les plaisanteries de son convive. N'ayant aucun esprit, il était sans défense contre cette blague ramassée sur les tables de café, dans les refrains des petits théâtres, dans les journaux boulevardiers, sur l'asphalte, un peu partout, qui l'aveuglait sans le blesser, comme des fusées de feu d'artifice. Une seule chose le préoccupait sérieusement d'ailleurs, c'était de voir qu'Ogolowski ne s'occupait pas assez de sa femme.

— Des amis d'enfance, sacristi ! ça devrait pourtant être plus familiers que vous ne l'êtes, répétait-il constamment. Vous savez, Stanislas, moi je n'aime pas la pose et je veux que vous soyez ici comme chez vous.

Le Polonais ricanait et ne répondait rien.

Quand il me vit prendre mon chapeau pour partir, il dressa lui-même la table de jeu et prépara les cartes pour un whist.

Il suivait l'avis de Beaumignon, *il était comme chez lui.*

VI

Une commande importante qui absorba tout mon temps, m'obligea à espacer les visites assez fréquentes que je faisais au jeune ménage. J'avais cru remarquer d'ailleurs que ma présence n'était pas autrement agréable à la femme de mon ami et j'étais bien aise d'avoir un prétexte plausible pour devenir plus rare.

Ma toile terminée, je filai en Espagne, et Velasquez me fit oublier le couple Beaumignon.

Un dimanche d'été, quelques jours après être revenu en France, j'allai déjeuner chez un ami au Vésinet. Pendant le trajet, la noce saupoudrée de Polonais me revint à l'esprit ; bourrelé de remords d'avoir lâché mon camarade pendant plus d'un an, je résolus de faire un crochet jusqu'à la maison de Beaumignon.

Rien de changé extérieurement dans cette petite boîte bourgeoise. Les volets étaient toujours verts, les murs continuaient à être jaune serin et la Vénus de Milo en béton aggloméré qu'on avait installée au milieu d'un massif, regardait, du même air sévère, la bergère en zinc qui faisait des grâces près de la boule argentée.

Intérieurement rien de changé non plus, car, du vestibule, j'entendis de grands éclats de rire partir du salon. Je poussai la porte, mais je rengainai aussitôt mon sourire des cours, en constatant l'effet réfrigérant de mon entrée. Cela manquait d'élan.

Sept ou huit personnes jouaient aux jeux innocents et madame Beaumignon embrassait *à la religieuse* un monsieur brun, au moment où j'entrais.

— Ah! si l'on s'embrasse, j'en suis, m'écriai-je, dans l'espoir que cette grosse platitude m'attirerait les suffrages de l'assistance.

Mais ma plaisanterie bête fit long feu. La maitresse de la maison me salua cérémonieusement et nous nous regardâmes tous d'une façon idiote.

— Et Ulysse? demandai-je pour dire quelque chose. Est-ce qu'il est à son atelier? Toujours au travail donc!

— Non, mon mari est souffrant; il garde le lit depuis quelques jours. Voulez-vous le voir?

— Je crois bien et tout de suite.

Je grimpai à la chambre de mon ami. Je le trouvai seul, sommeillant à demi, dans une pièce aussi mal tenue que le salon était soigné et coquet.

Là, une atmosphère que les volets clos entretenaient fraîche, des fleurs partout, de jolies toilettes claires, des éclats de rire, des visages joyeux, la vie heureuse; et, ici, une étuve surchauffée par les rayons torrides du soleil que les rideaux relevés laissaient librement passer un désordre indifférent et sale, des bouteilles étiquetées vides et moitié pleines, des restes de potions en fermentation, des tasses poisseuses s'entassant sur une cheminée poussiéreuse, un cataplasme froid jeté dans un coin, un grand silence interrompu par le bourdonnement d'une grosse mouche et la respiration haletante d'un malade.

Le bruit de la serrure qui grinçait fit ouvrir les yeux à Beaumignon. Il me tendit la main d'un mouvement brusque et presque joyeux. La face était rouge, les yeux brillants, la peau sèche ; évidemment le pauvre être n'allait pas bien du tout.

Nous causâmes cependant longtemps et gaîment et il parut s'intéresser vivement à mes impressions sur l'Espagne. S'animant, il me reprocha de ne pas l'avoir averti de mon voyage, parce qu'il serait parti avec moi pour « piger le secret de ses glacis à cet animal de Murillo. »

— Tu sais, me dit-il, au moment où je me disposais à le quitter, je suis très bien soigné. Elle est si bonne Caroline et elle m'aime tant !

Il s'interrompit, attendant un mot de moi, je restai muet comme l'obélisque.

— C'est moi qui ne veux pas qu'elle reste toujours là, reprit-il ; cela m'ennuierait et je préfère être seul. D'ailleurs, aujourd'hui, il faut bien qu'elle s'occupe de ses invités. On ne fait pas ce qu'on veut quand on a du monde, n'est-ce pas ? Dès que j'ai besoin de quelque chose, je sonne.

Il me fixa inquiet, mendiant un assentiment.

— Au revoir et porte-toi mieux, mon vieux, fis-je en me détournant pour qu'il ne lût pas ma réponse sur ma figure.

Prenant congé de la maîtresse de la maison, je lui demandai ce que pensait le médecin.

— Il croit à une fièvre typhoïde, mais sans symptômes graves.

En regagnant la gare, j'échangeai un coup de chapeau machinal avec un monsieur agrémenté d'un œillet rouge à la boutonnière, c'était Ogolowski qui rejoignait la bande joyeuse.

Les nouvelles fréquentes que je faisais prendre au Vésinet me rassurèrent. La maladie suivait son cours normal et je voyais déjà mon ancien camarade debout lorsque j'appris que la fièvre typhoïde avait pris brusquement une mauvaise tournure et qu'à la suite d'une consultation réunie la veille, le malade était considéré comme à peu près perdu.

Je courus à la gare, je sautai dans le premier train et j'arrivai au Vésinet avant huit heures du matin.

Je sonnai inutilement, on ne vint pas m'ouvrir; je poussai la grille et j'entrai. Personne dans le vestibule, personne dans le salon. En deux secondes, je fus à la chambre de mon ami.

Livide, les yeux vitreux, la bouche crispée, Beaumignon renversé sur ses oreillers, était méconnaissable. Il ne respirait plus, il râlait. Je cherchai sa femme, une garde, une domestique, quelqu'un enfin; la chambre était vide, le moribond était seul.

M'approchant du lit, je parlai doucement à mon malheureux camarade, avec toute l'affection, toute la pitié que je ressentis alors pour ce déshérité qui n'avait reçu de la vie que du fiel et de la boue, en échange de l'or dont son cœur avait été si follement prodigue.

Sortant de la torpeur dans laquelle il était plongé, le malade finit par tourner lentement la tête vers moi. Il me regarda longtemps, immobile et silencieux, faisant visiblement effort pour fixer une idée dans ce cerveau qui s'emplissait d'ombre. Puis, brusquement, une lueur d'hallucination éclaira son regard atone ; il se dressa sur son séant et, s'accrochant à moi, il s'abattit sur ma poitrine.

— Emmène-moi, emmène-moi d'ici, murmura-t-il d'une voix saccadée et presque inintelligible ; je ne veux plus rester près d'elle. — J'ai soif, mon Dieu, que j'ai soif ! — Tu ne sais pas, tu ne peux pas savoir ; moi, je ne me doutais de rien, eh ! bien, elle me trompait, ma femme, Caroline, elle que j'aimais tant ! — Tiens moi..... comme ça — C'est hier, hier seulement que j'ai tout appris. Figure-toi..... Donne-moi, à boire, la tasse bleue, là. Merci. — Figure-toi que cette nuit ou hier soir, je ne sais plus, j'avais soif, comme maintenant, et pas de tisane près de moi, rien. Alors j'ai sonné, j'ai appelé et comme on ne venait pas, je me suis levé, je suis tombé, mais je me suis relevé et j'ai pu arriver jusqu'à la porte que j'ai ouverte — Ah ! que je me sens malade ! — Écoute. J'ai entendu rire dans la chambre de ma femme et j'ai vu filtrer de la lumière. Je me suis traîné jusque-là — A boire. Merci. — Je suis entré et je les ai vus tous deux. Caroline en chemise sur les genoux d'Ogolowski qui l'embrassait à pleine bouche. C'était pour ça qu'on ne m'entendait pas. — Je

ne veux pas rester ici. — Oh! les misérables, les lâches, les infâmes!

Je voulus le calmer, l'interrompre, mais la fièvre, l'exaltation du délire lui donnaient une énergie incroyable.

— Je t'en prie, continua-t-il, laisse-moi achever. Tu n'aurais pas cru cela, n'est-ce pas ? et encore tu ignores que, pour elle, cette catin, j'ai renié mon père, mon père que j'adorais. Oui, en me mariant, je lui ai reconnu toute ma fortune à cette fille perdue, de sorte que si je meurs — et je suis bien malade — mon père n'aura rien de ce que je possède. — Ah ! Dieu que je souffre ! — Mais il est encore temps de revenir là-dessus ; toi qui as fait des études, tu dois savoir comment on s'y prend pour modifier un contrat ? Avant tout, je veux voir mon père ; va le chercher, ramène-le moi, qu'il me pardonne, qu'il m'embrasse comme lorsque j'étais petit. Va, et tous deux vous me ferez ensuite sortir d'ici, vous me soignerez, vous me guérirez, car je ne vais pas mourir, n'est-ce pas ? Pars vite. De t'avoir tout raconté, il me semble que je suis soulagé et que je vais mieux — A boire encore. C'est bien. Et reviens vite.

Cette longue confession avait épuisé Beaumignon. Dès que je le remis sur son oreiller, il retomba dans l'état comateux qui m'avait douloureusement frappé en entrant. Je partis en courant, après avoir donné l'ordre à la domestique que je trouvai enfin dans la cuisine, de ne pas quitter son maître.

Quatre heures plus tard, j'étais de retour au Vésinet avec le père de mon ami qui sanglotait sans parler. Mais, quelle qu'ait été ma promptitude, la mort, plus rapide que moi, nous avait précédés à la petite maison aux volets verts.

Quand je rentrai dans la chambre, mon pauvre Beaumignon ne souffrait plus; il dormait du grand sommeil, très calme, très doux, très reposé, et, n'était la trace d'une larme séchée que je crus voir, au coin de l'œil clos, on eût dit qu'il avait quitté ce monde en ignorant les bassesses et les turpitudes humaines. Sa femme, enveloppée dans un coquet peignoir de cachemire bleu garni de guipures, pleurait au pied du lit, le visage caché dans un mouchoir de batiste dont le parfum à la verveine emplissait la pièce d'une senteur molle. On ne voyait d'elle, sous les cheveux dorés qui estompaient à la nuque, que la ligne jeune et pure de son cou d'enfant.

VII

L'année suivante, en revenant de la campagne, je trouvais au milieu de la correspondance arriérée qui m'attendait chez moi une lettre, gravée chez Stern, ainsi conçue :

Madame Veuve Pérouska a l'honneur de vous faire part du mariage de Madame Veuve Beaumignon, née Pérouska, sa fille, avec Monsieur le comte Ogolowski, attaché au Ministère des Affaires Étrangères, et vous prie d'assister à la bénédiction nuptiale qui aura lieu le 10 Octobre 1884, à midi précis, à l'église Saint-Germain-des-Prés.

C'est, paraît-il, un excellent ménage. Ils sont fort heureux et, comme dans les contes de Fées, ils ont beaucoup d'enfants.

VIEUX BERCEAU

VIEUX BERCEAU

A Alphonse Daudet.

J'ai trouvé, l'autre jour, oublié dans un fiacre, un petit cahier relié en toile bise. Pas d'adresse, pas de nom. Des notes, des réflexions, des chiffres, des heures de rendez-vous d'affaires, des fragments d'un journal intime, et, de ci, de là, quelques croquis au crayon, le tout jeté au hasard de la page et de la vie, sans lien, sans suite, sans l'ombre de prétention. Le cœur humain est toujours intéressant à voir, surtout par le trou d'une serrure, et, ma foi tant pis, je risque quelques feuillets de ma trouvaille. Ce n'est pas délicat, mais cela se fait dans le meilleur monde ; je copie donc textuellement et sans vergogne.

. . . .

> Enfants d'un jour, ô nouveau-nés !
> Pour le bonheur que vous donnez
> A vous voir dormir dans vos langes,
> Espoir des nids,
> Soyez bénis,
> Chers anges !

. . . .

..........En rentrant déjeuner, je me suis heurté, dans le corridor, contre le berceau qu'on avait enlevé de notre chambre, afin de faire place au *grand* lit, au grand lit d'un mètre. Bébé ne pouvait plus tenir dedans. Depuis quinze jours, sa mère était obligée de se réveiller pour remettre sous la couverture une jambe trop indépendante qui s'étendait soit à droite, soit à gauche, sur le rebord rembourré. La fillette aurait fini par s'enrhumer et, d'ailleurs, elle était mal, sans cela elle n'aurait pas tant remué.

Nous nous sommes donc décidés à acheter un lit.

Nous avons trouvé notre affaire au *Louvre* : un petit lit en fer sans dorures — nous avons horreur de l'or — avec un bon sommier recouvert d'un joli coutil damassé. Je l'ai essayé, il est très doux, et Fifille va dormir dessus tout à son aise.

Et voilà pourquoi, ce matin, on a enlevé le berceau pour le monter à la chambre de débarras. Le nouveau venu a chassé l'hôte déjà vieux.

C'est bête, mais en regardant ce pauvre berceau qui avait l'air si triste, si humilié, si abandonné, j'ai eu envie de pleurer. Machinalement, ma main s'est posée sur lui comme si je voulais le consoler par une dernière caresse. C'est une bien dure épreuve pour lui, et il n'y a pas qu'en politique que la Roche Tarpéienne est près du Capitole ; les meubles aussi ont leur apothéose et..... leur chambre de débarras.

Il était là, adossé au mur, désemparé comme un vaisseau de guerre hors de service ; plus de rideaux, plus de filet, plus de soie, plus de guipures. On voyait maintenant, entre les feuilles de journaux mal jointes qui l'empaquetaient, les blessures que le temps avait faites à son armature métallique, autrefois si pimpante sous sa peinture blanche. Je ne l'avouerai à personne, car on se moquerait de moi, mais je sens que ces morceaux de fer emporteront, dans la mansarde où ils vont êtes relégués, un peu de ma chair et de mon âme.

Je le vois encore, le jour de ses débuts, lorsqu'il reçut l'aînée, la grrrande demoiselle dont j'entends les gammes en ce moment, et qui avait alors les proportions d'une botte d'asperges de moyenne taille.

Etait-il triomphant ce berceau, tout blanc dans la mousseline et les dentelles, un peu emprunté sous ses vêtements neufs, et solennel sous les rideaux dont les longs plis traînaient à terre, mais portant gaiement, comme une oriflamme, le gros nœud de soie rose qui annonçait à tous la bonne nouvelle !

D'un seul coup, il était devenu de la famille, presque autant que le petit être qui dormait là, dans son bonnet ruché et sa brassière trop grande. Oui, à partir de ce jour, il fut des nôtres, le berceau, et il n'y eut pas de fête à la maison sans qu'il y jouât son rôle.

Dans presque tous les souvenirs de ma vie, il se glisse une ombre ; celui-là est resté très pur, très doux, très lumineux. Lorsque j'ai eu un chagrin, c'est ce petit lit qui m'a consolé ; lorsqu'un bonheur est entré chez moi, c'est avec lui que j'ai été le partager.

Il a aussi vu des jours sombres, mais quel est le voyageur qui se rappelle les fatigues de la route, lorsqu'il se retrouve chez lui, étendu, les pieds aux chenêts, dans un fauteuil moelleux ? Maintenant que je suis à l'abri, je prends presque plaisir à évoquer les heures amères.

Et d'abord la première séparation. Brr !.... le vilain moment ! A tous les carrefours, la France sonnait le ralliement; de grandes affiches blanches battaient le rappel, il fallait aller manœuvrer pendant vingt-huit jours — un siècle ! — dans les plaines de la Normandie — au bout du monde !

Je décrochai le sabre, pendu pacifiquement dans un cabinet noir, entre une robe de bal retournée, de crainte de la poussière, et un plan de Paris oublié, je vissai mes éperons, je bouclai mon ceinturon sous le dolman et j'entrai dire adieu à ma fille.

La chambre, dans la débandade d'un départ précipité, n'était éclairée que par la lumière vague d'une veilleuse afin de ne pas réveiller bébé. La pouponne dormait, toute rose de la chaleur du lit, la tête à moitié enfouie dans l'oreiller, pelotonnée sur elle-même; elle avait des petites boucles blondes qui frisaient à la nuque; sa bouche entr'ouverte laissait passer une respiration égale et tranquille. J'avais levé un des rideaux et je regardais longtemps cette mignonne créature qui tenait tant de place dans notre cœur à tous. A ce moment j'aurais donné

vingt ans de mon existence pour ne pas quitter ce berceau, il me semblait qu'on exigeait de moi un sacrifice impossible et barbare, je m'apitoyais sur mon propre sort; j'étais tout à fait idiot. Ma mère et ma femme pleuraient dans un coin ; j'aurais été combattre le shah de Perse que nous n'aurions pas été plus désolés. Ce jour-là nous crûmes tous que *c'était arrivé*.

Ah! les bonnes tristesses! et comme nous en avons ri depuis!

Mais le berceau a vu des douleurs plus sérieuses que celle-là. La maladie est venue nous visiter, et souvent hélas!

L'enfant est d'une pâleur verte, les yeux enfoncés sont cerclés de bleu, la bouche est pincée, le front est grave. Elle s'est retournée vers l'ombre. Dort-elle? On ne sait. Elle est immobile, mais elle se plaint de temps en temps. Debout et muets, nous passons des heures auprès d'elle, épiant un geste, un mouvement des paupières; nous évitons de nous regarder, sa mère et moi, car si la parole peut mentir, nos yeux rougis trahiraient les angoisses que nous voulons réciproquement nous cacher, et le grand silence de la nuit qui semble si longue près d'un malade, n'est interrompu que par le tic-tac monotone de la pendule ou le roulement lointain d'une voiture attardée. — Oh! que l'aube est lente à venir! Et encore qu'est-ce que le lendemain

va nous apporter? Le mieux, la guérison, ou.....?
Il y a des mots qui n'existent pas pour un père, ou
qu'il ne peut prononcer.

Bébé est toujours immobile, mais elle ne geint
plus. La peau est moins sèche, la respiration
moins courte. Elle n'a pas retiré brusquement sa pe-

lite main brûlante de la mienne, comme tout à l'heure ; cette fois elle dort. Le jour gris de décembre glisse dans la pièce, entre les rideaux. La porte s'ouvre doucement, par saccades ; c'est la grand'-mère, qui, elle non plus, n'a guère dormi et qui vient prendre des nouvelles de la malade. On marche sur la pointe des pieds, on se parle très bas, par monosyllabes, presque par gestes ; on regarde la pendule : huit heures, et le médecin ne vient qu'à dix heures !... Deux véritables années d'angoisses ! Enfin le voilà, il arrive avant l'heure promise.

— Eh bien, la nuit ?
— Heu, pas trop bonne.....
— Ah ! vous n'êtes pas raisonnables, toujours les mêmes... Que diriez-vous donc si vous étiez devant une maladie grave !... Allons, ouvrez les rideaux que j'y voie.

Mais la flèche vient de remuer ; l'enfant est réveillée. Elle promène les yeux autour d'elle, l'air fatigué et indécis, mais sans ce pli sombre entre les sourcils qui met le masque de la souffrance sur ces visages bien-aimés. Elle a vu sa mère : « Maman »... Oh ! ce mot-là ! voilà cinq jours qu'elle ne l'a prononcé ; comme il sonne clair à l'oreille et chaud au cœur ! Allons, la voilà sauvée... encore une fausse alerte. Je cours au bazar acheter un polichinelle.

Que je la regrette, ma douce bercelonette, elle dans laquelle ont dormi mes trois enfants, elle qui emporte — là-haut, au cinquième — sept ans d'une vie heureuse ; je la regrette, car, en me quittant, elle me rappelle que les petits grandissent et que les bébés deviennent des hommes. Des hommes, déjà !... Chers anges, ne vous pressez pas tant, et laissez-moi encore vous ôter vos petits vêtements, comme autrefois, auprès du feu. Vous rappelez-vous nos bonnes parties ? Vous vous disputiez pour savoir qui serait déshabillé le premier par moi. Afin de ne pas faire de jaloux, j'enlevais une manche à l'un, une manche à l'autre, un bas à celui-ci, un bas à celui-là, et, une fois les longues chemises de nuit enfilées, nous terminions la séance par un steeple-chase effréné sur mes genoux.

Et maintenant ? Les lauriers sont coupés. Ces grands lits dont vous êtes si fiers devront me rendre sage ; le « papa » va relayer pour laisser la place au « père », je n'oserai plus vous appeler Kiki, ni Didi, ni Fifille ; vous aurez des noms, des vrais noms et je ne pourrai plus embrasser vos pieds roses.

Les voyageurs pour la vie, en voiture !

Ah ! décidément voilà une vilaine journée, et jamais je n'aurais cru qu'un meuble de plus ou de moins dans une chambre, pût faire ainsi saigner le cœur. C'est égal, quand je serai sûr de ne pas être vu, j'irai causer dans sa triste retraite, avec le vieux berceau, il verra du moins que je ne suis pas un ami ingrat............................

....

> Enfants d'un jour, ô nouveau-nés,
> Pour le bonheur que vous donnez
> A vous voir dormir dans vos langes,
>   Espoir des nids
>   Soyez bénis
>   Chers anges.

....

..... Des vers de Daudet, des vers des *Amoureuses*, du Daudet première manière ! Je crois, Dieu me pardonne, que mon bourgeois a de la littérature.

LE PREMIER COUP DE FEU

LE PREMIER COUP DE FEU

*A Pierre de La Rochefoucauld,
duc de La Roche-Guyon.*

J'ai encore à fleur de peau l'impression produite par le premier coup de fusil que j'entendis. Certains sons, certains parfums, certaines lectures qui, au point de vue physique et réel, sont si peu importants, prennent une place énorme dans la vie. Il y a de ces grains de sable qui paraissent des rocs gigantesques et que le temps, ce grand limeur, ne parvient pas à user, ni même à déplacer.

A la fin d'Août, en 1870, j'avais été détaché au Génie, pour diriger les travaux de défense qu'on exécutait à Brimborion. Cette adorable colline boisée qui domine Sèvres et le cours de la Seine, est bien connue des Parisiens qui vont le dimanche manger une friture au Bas-Meudon ; c'est en tout temps un des plus jolis sites des environs de Paris, mais, à ce moment, c'était uniquement un point stratégique important.

La garnison de la future redoute se composait d'un élève de l'École Polytechnique, de deux mobiles de Seine-et-Marne et de moi. J'avais un chassepot et neuf cartouches ; Charmas qui était plus myope qu'Alphonse Daudet, était armé de son épée de Polytechnicien — la tangente — et d'un revolver de poche, grand comme la main, qui portait à quinze pas. Quant aux deux mobiles, vêtus de vareuses en toile bise à pattes écarlates, ils étaient totalement dépourvus d'engins meurtriers. Avec leur ceinturon pacifique, leur bonne figure rougeaude, leur air embarrassé et un peu bêta, ils avaient plutôt l'aspect de collégiens en rupture de *bancs*, que de farouches soldats ivres de sang et de carnage.

Je demandai des armes pour « mes hommes » au commandant du Génie, sous les ordres duquel je me trouvais ; on me répondit que « mes hommes » seraient armés en même temps que leur bataillon. Quand ?... Mystère.

Devant une situation aussi critique, Charmas, qui avait le titre d'officier de place (!) et moi, nous nous réunîmes en conseil de guerre et il fut décidé, à l'unanimité, que tous les deux, en cas d'attaque, nous tiendrions tête à l'ennemi, lui avec son revolver, moi avec mon chassepot. Pendant le combat, la garnison, — nos mobiles — resterait en réserve ; elle viendrait nous remplacer, en se servant de nos armes, lorsque nous serions tués ou blessés.

Il ne faut pas rire de notre naïveté. Dans cette misérable campagne, le grotesque a souvent coudoyé le terrible, et je jure que mon Polytechnicien et moi nous étions de bonne foi, très sérieux et tout à fait décidés à exécuter notre plan de bataille.

La révolution mit fin à cette farce à l'Offenbach. Le 6 septembre, nos deux moblots retournèrent à leur bataillon et furent remplacés auprès de nous par une compagnie de cet héroïque 35ᵉ de ligne qui se conduisit si admirablement pendant le siège.

Comme le colimaçon qui rentre dans sa coquille à l'approche du danger, la grande ville se tassait devant l'arrivée des Prussiens; les villages suburbains devenaient peu à peu déserts et silencieux. On ne voyait pas la bête, mais on la sentait venir.

Le capitaine de la compagnie comprit qu'il était prudent de veiller et de s'éclairer. Le 14, il commença à faire exécuter à ses hommes des reconnaissances dans les bois qui nous séparaient de Versailles.

*
* *

Avec l'insouciance de mon âge, la vie nouvelle que je menais me ravissait et je nageais en plein rêve. Piétinant d'impatience de n'avoir à diriger que des terrassiers, je recherchais constamment l'occasion de me signaler dans une action d'éclat extraordinaire afin de gagner, du premier coup, la gloire d'un Bayard ou d'un Napoléon. Un jour, je n'y tins plus et je demandai en tremblant au capitaine l'autorisation d'accompagner la prochaine ronde.

Les balles n'avaient pas encore fait, dans mon bataillon, les vides qui m'amenèrent plus tard à être lieutenant ; malgré mes humbles sardines d'or, le capitaine, qui ne prenait pas, je crois, mon militarisme au sérieux, m'avait toujours traité en égal. Il était froid, réservé, d'une distinction presque hautaine, mais sans raideur et sans rudesse.

— Volontiers, me répondit-il. Mes sergents sont sur les dents, et celui qui devait venir avec nous cette nuit est malade ; vous le remplacerez. Nous partirons du château de Meudon à onze heures.

Si j'avais osé, j'aurais embrassé mon interlocuteur.

Nous étions le 17, c'est-à-dire deux jours avant l'investissement de la capitale ; le télégraphe était partout coupé, excepté vers Paris. La veille, on avait trouvé, à un kilomètre de Bellevue, un gendarme porteur d'une dépêche, le crâne fracassé et la sacoche vide, gisant, au milieu de la route, dans une mare de sang. Évidemment la vermine noire avançait.

A l'heure dite, j'étais dans la cour des communs du château. Douze lignards étaient déjà réunis près du mur de la cantine.

Aux commandements du capitaine, prononcés à demi-voix, on s'aligna, on se numérota, on chargea les fusils.

— Par le flanc droite, sans doubler — En avant marche. — Et surtout le plus profond silence.

Nous entrâmes sous bois.

.*.

Ah ! la belle nuit ! Dans sa placidité limpide, la lune avait jeté un voile bleuâtre sur la nature, qui semblait goûter un voluptueux sommeil. Les teintes sombres des taillis se découpaient avec des dégradations insensibles sur la nappe argentée des gazons. Quelques arbres, rougis déjà par l'automne, accrochaient la lumière et la renvoyaient en ricochets, dans la pénombre des fourrés. Grâce à l'humidité de l'atmosphère qui entourait jusqu'aux premiers plans d'un léger brouillard, le paysage respirait une douceur infinie, pleine de recueillement et de poésie.

A droite, à gauche, devant, derrière soi, l'ombre s'étendait capricieuse, immense, insondable, et donnait au bois l'aspect d'une forêt enchantée, peuplée de sylphes et de gnomes. L'odeur amère et pénétrante des feuilles, mouillées par la rosée, que faisait frissonner le souffle de la nuit, mêlée au parfum capiteux des fleurs sauvages, montait au cerveau et produisait une ivresse troublante.

Je pensais à la peinture de Corot, à *L'heure du mystère*, de Schumann, au *Songe d'une nuit d'été*, et à bien d'autres choses encore, mais certainement ni aux Prussiens, ni à Paris, ni à la guerre, ni à la reconnaissance, lorsqu'un coup de fusil me rejeta brutalement dans la réalité. Une lueur rouge, rapide comme un éclair, déchirant l'ombre du bois, une détonation qui me sembla formidable dans ce grand silence, un sifflement semblable au vol d'un insecte, le bruit sec d'une branche cassée au-dessus de ma tête et ce fut tout.

Ce fut tout, mais de ma vie, je n'oublierai ce coup de fusil, car j'ai eu, dans le moment, la plus belle peur qu'il soit possible à une créature humaine de ressentir. Oui, depuis, la détonation du Dreys a souvent frappé mon oreille; certains jours, les coups de ce fusil maudit étaient si nombreux, si précipités qu'il était impossible d'entendre sa propre voix, et qu'on se serait cru sous la couverture vitrée d'une gare, pendant une grêle effroyable; mais jamais, jamais je n'ai eu la même impression que la nuit de ma première reconnaissance.

— Halte! commanda le capitaine, d'une voix aussi calme que s'il eût demandé l'annuaire au Helder. Tout le monde sous bois.

Quant à lui, il tira son sabre posément, comme à la parade, et droit sur la route, sous les rayons de la lune qui faisaient miroiter sa légion d'honneur et les boutons de sa tunique :

— Que le lâche qui vient de faire feu, me frappe donc, dit-il, d'un ton clair et ferme. Je l'en défie, car nous saurions où il se cache.

∴

Il resta ainsi une minute, ce fou héroïque, une minute qui me parut un siècle, puis il vint à moi, dans le taillis où nous étions rentrés.

— Sergent, prenez six hommes et fouillez le bois. Si vous êtes attaqué, vous vous replierez sur moi et nous tâcherons de regagner la redoute où nos coups de feu donneront en tout cas l'éveil. Allez, baïonnette au canon.

Si je disais que je ne tâtonnai pas en ajustant mon sabre au canon de mon fusil, et que ma main était très ferme, je serais certainement à côté de la vérité. Mais le cœur m'était tout de même un peu revenu et puis l'amour-propre s'en mêlait ; je ne voulais pas que mon pantalon bleu de mobile restât en arrière des pantalons rouges, et le meilleur moyen

de ne pas être en arrière, est encore d'aller en avant. Je pris donc le taureau par les cornes, et comme on avale une médecine amère d'un seul trait, je me dirigeai vers la partie la plus sombre de la forêt, la baïonnette en avant et le doigt sur la détente.

Au bout d'une demi-heure de recherches inutiles. je ramenai — le képi sur l'oreille et avec la placidité d'un héros — mes six hommes au point de raliement. Nous reprîmes notre route vers Ville-d'Avray et, deux heures plus tard, je dormais sur mon lit de camp, comme un bon bourgeois fatigué d'une promenade dans la campagne.

∴

Le capitaine Eloy est mort, à Champigny, d'un éclat d'obus dans la poitrine, en ralliant sa compagnie sous le feu d'une batterie prussienne. C'est le cœur encore serré que je pense à ce brave si calme, si simple, si impassible devant le danger. Son souvenir ne se présente jamais à mon esprit, sans que je ne me rappelle le battement de cœur que me causa le premier coup de fusil résonnant à mon oreille.

LA PETITE MORTE

LA PETITE MORTE

A Émile Zola.

Pour la plupart des étrangers et des provinciaux qui viennent à Paris, la grande ville se compose d'une douzaine de rues, de quelques boulevards, de trois ou quatre places, des Champs-Elysées et du bois de Boulogne. Cela est d'autant moins étonnant qu'un bon tiers des Parisiens ne connaît que les quartiers luxueux, gais, joyeux, superbes, qui montrent aux passants, comme de belles filles, dans un perpétuel éclat de rire, l'émail éclatant de leurs trente-deux dents.

Or, si nous possédons le boulevard des Italiens, nous avons aussi le boulevard de Ménilmontant ; si l'avenue de l'Opéra flamboie, le soir, à la lueur de ses mille becs de gaz et aux reflets des diamants entassés dans les vitrines des bijoutiers, la rue des Anglais dort, la nuit, dans la boue puante où grouillent, sordides et louches, le vice et le crime ; si le Parc Monceaux semble un nid coquet où le rire de l'enfant heureux se mêle au gazouillement de l'oiseau, la cité Doré où croupit la plus effroyable des misères, ressemble à un des coins de l'enfer rêvé par Dante et humanisé par Poë.

En somme, que les *délicats* et les petits maîtres ne relèvent pas trop haut la jupe garnie de dentelles, aux froufrous élégants, de notre chère capitale, ils trouveraient du linge sale, des loques et des ulcères purulents.

Il y a quatre ans, le jour où la neige contraria si comiquement la sortie du bal de l'Élysée, mes occupations m'appelèrent près de la rue Rebeval, dans une ruelle de ce Paris vénéneux d'autant plus inconnu que les habitants, avec la sauvagerie farouche des animaux malades qui se cachent pour crever, ne quittent pas leurs bouges et ne franchissent jamais les limites de leur quartier.

La maison où j'entrai, haute de sept étages, large au plus comme le guichet du Louvre, avait peut-être quarante ou quarante-cinq mètres de profondeur.

Avez-vous remarqué que les choses, comme les hommes, ont des maladies, des souffrances, des joies, des destinées? Dans sa jeunesse, la baraque que j'avais devant moi, devait avoir eu la petite vérole. La façade éventrée, boursouflée, verdâtre, déshonorée par les déjections tombées des fenêtres, fatiguée, vieillie, souffreteuse et vaincue, semblait lasse de vivre et appeler la pioche du démolisseur. Un tuyau d'eaux ménagères crevé laissait suinter un liquide saumâtre et épais se figeant en stalactites le long d'une crevasse que les tubercules du salpêtre avaient ouvertes dans l'enduit. Le rez-de-chaussée était occupé par une boutique — si toutefois on peut appeler boutique cet antre de sorcière — dont le patron vendait du vin, de l'eau-de-vie, des liqueurs, des pommes de terre frites, du gras double et du charbon, tout en raccommodant les bottes et en faisant l'office de concierge.

Pour pénétrer dans la maison, il fallait passer par une longue allée, sombre comme un tunnel. A certains endroits, les murs affaissés et cagneux se rapprochaient tellement qu'on était obligé de se mettre de profil pour éviter le contact visqueux des parois; on marchait dans une fange molle dont l'odeur nauséabonde piquait les yeux et la gorge. J'allongeai le pas et j'arrivai dans la cour, sorte de puits gluant et infect, où avait eu lieu, le matin même, le commencement d'incendie dont on m'avait parlé.

Toujours la même histoire : une enfant de quatre ans, restée seule, avait joué avec des allumettes et avait mis le feu à la pièce dans laquelle elle se trouvait. Quelques seaux d'eau avaient eu raison de la flamme, mais la pauvre petite était morte asphyxiée.

Dans la cour — dans cette bouche d'égout devrais-je dire — était un hangar sur lequel, après coup, on avait construit une chambre.

J'emploie les mots *construit* et *chambre*, faute d'autres qui rendent exactement ma pensée. Représentez-vous une immense caisse d'emballage, de deux mètres carrés environ, sur deux mètres de haut; cette caisse, en planches de sapin mal jointes, est recouverte de papier bitumé posé sur de la volige; un carreau fixe, sans châssis, éclaire cette niche dont on ne voudrait pas pour des chiens. Comme parquet; le zinc de la couverture du hangar. Pour escalier, une échelle dont deux échelons manquent. Ni cheminée, ni poêle, ni fourneau. C'est le Sahara l'été,

c'est la Sibérie l'hiver, c'est l'air vicié, l'emprisonnement, le martyre toute l'année.

Deux créatures vivaient là : la mère et la fille !

La mère abandonnée classiquement par le drôle qui — non moins classiquement — lui avait promis le mariage, s'était mis dans la tête d'élever son enfant et de ne pas rouler au ruisseau ou au landau capitonné — cela dépend des chances.

En sortant de la Maternité, le nouveau-né dans les bras et cent sous dans la poche, elle avait essayé de tout. La maladie, le chômage, la malechance s'en étaient mêlés; la misère la tirant de plus en plus violemment par sa jupe en guenilles, elle avait fini par se mettre à ramasser des chiffons. Avec les trente-cinq sous qu'elle gagnait par jour, elle vivait. Elle avait loué *l'appartement* de l'impasse Pauly six francs par mois, payés d'avance.

Le matin, à quatre heures, avant le retour de la chiffonnière, la gamine s'était réveillée.

Peut-être, affolée par les ténèbres qui terrorisent ces cerveaux d'enfants assoiffés de lumière, avait-elle pleuré, appelé, crié. Puis, grelottant dans cette boîte que faisait craquer la rafale de neige, les yeux écarquillés pour crever la nuit, elle s'était levée, avait cherché à tâtons les allumettes, les avait frottées contre le bois; l'une d'elles, en tombant sur la paillasse, avait mis le feu au grabat. La paille, à moitié pourrie, avait fait des façons pour brûler, mais la

fumée âcre, épaisse et lourde, dans ce trou sans air, en un clin d'œil, avait étouffé la petite. Quand un voisin, d'un coup d'épaule, avait enfoncé la porte, la mort avait terminé sa besogne ; on n'eut plus qu'à préserver *l'immeuble*.

Tant bien que mal, je grimpai à l'échelle et, par la porte éventrée, je jetai un coup d'œil dans la pièce.

Le petit cadavre était couché sur le lit, gardant la posture qu'il avait lorsque l'asphyxie était venue. Le corps disparaissait, pelotonné dans une de ces couvertures vertes que l'on avait distribuées aux gardes nationaux, pendant le siège, couverture limée, jaunie et rapiécée avec des morceaux d'indienne ; seul un bras, tendu en avant dans un geste de terreur, de défense et de prière, un bras maigre et chétif, rigide et droit, sortait de la couverture.

Par l'ouverture que la flamme avait faite à la toiture, la neige était tombée sur le pied du lit et couvrait d'une ouate blanche la paillasse carbonisée. Pas de draps, pas d'oreiller, pas de matelas. Sous une table de bois blanc dont un pied manquait, se trouvait une casserole enfumée, à côté d'un fourneau de terre et, dans un coin, un « bonheur du jour » Louis XV étalait sa grâce mièvre, étrange épave d'une élégance raffinée venant échouer dans ce bouge, mais après quelle déchéance! Plus de tiroirs, plus de cuivres ciselés, plus de marbre rose

et un des pieds de biche remplacé par un morceau de tôle.

J'avais beau chercher, l'inventaire de la chiffonnière était terminé. Par terre, près du lit, un fichu tricoté en laine blanche, une petite robe grise avec une manche rajustée en drap bleu, une paire de galoches éculées; c'était la garde-robe de la morte, garde-robe tombée, au hasard, sur des épluchures de pommes de terre et de carottes, à côté d'un pot à l'eau égueulé et d'une assiette qui contenait encore un peu de soupe de la veille.

Lorsque la mère rentra, une heure plus tard, trempée jusqu'aux os, bleue de froid, cassée sous la hotte pleine de chiffons boueux, on ne prit pas de mitaines pour lui apprendre « l'accident ». La malheureuse se hissa jusqu'à la chambre où était couché le cadavre de son enfant; elle le regarda longuement sans pleurer, muette, immobile sous la neige qui tombait à gros flocons sur ses épaules. Puis, d'un geste machinal, elle rajusta le *cachemire d'osier* sur ses épaules, enfila l'allée sombre sans se retourner, gagna la rue et alla se jeter dans le canal.

Elle coula au fond comme un pavé, entraînée par sa hotte qu'elle n'avait pas quittée.

UNE VISITE A AUTEUIL

UNE
VISITE A AUTEUIL

A Paul Eudel.

Le boulevard Montmorency, à Auteuil, longe le chemin de fer de ceinture qui est bordé, d'un autre côté, par le Ranelagh et les derniers massifs du bois de Boulogne.

C'est un des coins les plus charmants de Paris, un bout de campagne enciélée à vingt minutes du boulevard et à cent lieues du brouhaha de la capitale, une oasis mondaine où les coquettes villas qui y sont construites ont le tact de ne pas s'élever de plus de deux étages, afin de ne cacher à personne l'admirable panorama qui borne l'horizon, avec le Mont Valérien, les côteaux de la Seine et la forêt de Meudon pour toile de fond. Pas d'usines, pas de boutiques, pas de commerce, pas de chariots, peu de passants, presque pas de vie. Avec sa tenue correcte, son luxe de bon ton, son aspect heureux, sa tranquillité distinguée, son atmosphère saturée de l'âcre senteur des bois voisins, Auteuil me fait l'effet de ces jardins d'hiver, placés loin des salons de réception, où l'on vient se reposer et respirer à l'aise les nuits de bal, et où le bruit de la fête et le son de l'orchestre n'arrivent que comme un écho indéfinissable et confus. On sent que Paris est là, qu'on n'a qu'à se retourner pour avoir l'impression de son haleine brûlante, mais on ne le voit pas et on l'entend à peine.

C'est sur le boulevard Montmorency que se trouve l'hôtel de M. de Goncourt. Il me semble qu'il devait logiquement, presque fatalement, habiter cet aristocratique quartier, l'historien qui a le mieux compris et dépeint l'élégance suprême du dix-huitième siècle; de même, pouvait-il beaucoup s'éloigner du cœur de la grande ville, l'artiste qui s'appelle lui-même *un vieux civilisé?* lui qui, dans ses romans, n'a presque exclusivement peint que des paysages parisiens avec la sûreté que donne la connaissance approfondie d'un être ou d'une chose et la puissance qu'apporte, encore plus que le talent, l'amour pour le modèle qu'on copie.

Ravalé en plâtre, agrémenté de rares sculptures, modeste, simple, d'un Louis XVI assez indécis, l'extérieur de l'hôtel ne laisse guère deviner les merveilles, peut-être uniques au monde, que renferme l'intérieur.

A une époque où les gens bien pensant en Art ne pouvaient retenir un sourire de mépris lorsqu'il était question devant eux des productions artistiques de l'extrême Orient, — qu'ils ne connaissaient d'ailleurs que par les magots en carton installés dans la boutique du marchand de thé de la place Vendôme — Jules et Edmond de Goncourt se formaient, relativement à peu de frais, une admirable collection d'ivoires, de laques, de bronzes, de faïences, de porcelaines, d'étoffes, de broderies, d'armes, de meubles, de gouaches et d'aquarelles provenant de la Chine et du Japon. En même temps, ils entassaient à côté de meubles, de bronzes et de tapisseries incomparables du dix-huitième siècle, des pastels, des dessins, des estampes signés Boucher, Watteau, Fragonard, Latour, Gravelot, Saint-Aubin, Cochin, Moreau, etc... qu'ils achetaient, la plupart du temps, pour un morceau de pain, les gens bien pensant déjà nommés — et chargés, comme les Vestales, de conserver le feu sacré du grand Art — n'ayant pas assez de dédain pour ces admirables maîtres français auxquels ils préféraient les pitoyables barbouilleurs, liquidateurs boursouflés et essoufflés de la Renaissance italienne, dont les œuvres encombrent le musée du Louvre. On sait le joli chemin qu'ont fait, depuis, et le Japonisme et le dix-huitième siècle; ce ne sont pas précisément les eunuques de l'Institut qui ont gagné la partie.

Je ne me risquerai pas dans une description détaillée de l'hôtel de M. de Goncourt; elle a été faite, et trop bien faite (1), pour oser la recommencer. Le maître de la maison est, d'ailleurs, encore plus intéressant que ce féerique intérieur, et j'ai hâte de parler de lui.

Elle est peu connue du public, la figure de l'auteur de *Chérie*, car on ne voit sa photographie aux vitrines des marchands que depuis la reprise d'*Henriette Maréchal*, à l'Odéon.

M. Edmond de Goncourt porte très crânement ses cinquante années sonnées; l'antithèse de ses

---

(1) *La Maison d'un artiste*, par Edmond de Goncourt.

cheveux blancs, forts et touffus, et de ses yeux noirs qui ont une jeunesse et un éclat extraordinaires, accentue encore l'embarras où l'on se trouve de mettre un âge exact sur ses traits qui ont conservé autant de finesse que de fermeté. Par-dessus tout — avec sa moustache retroussée, ses mains d'abbé de cour, sa tenue correcte et un peu froide, ses gestes sobres, son élégance de race — M. de Goncourt possède ce que les peintres appellent de « l'allure » Il n'y aurait pas besoin de beaucoup d'imagination pour se le représenter en perruque poudrée, en habit brodé, en gilet de soie à fleurs, le menton caressé par une cravate de dentelle, l'épée en verrou, le cordon de Saint-Louis sur la poitrine.

J'ai nettement présent à l'esprit le souvenir de la première visite — une date dans ma vie — que je fis à l'hôtel du boulevard Montmorency.

Pour le moment, le marquis Louis XV que je viens d'évoquer, est vêtu d'une vareuse de drap sombre, et les malines sont remplacées par un foulard noué sans prétention autour du cou. Assis à sa table de travail — une grande planche posée sur des tréteaux — il lit à des amis quelques lettres de son frère, lettres prises au hasard parmi la correspondance dont il termine la réunion, et qui a paru l'année dernière, en volume, chez Charpentier. En écoutant ces phrases brillantes, ces aphorismes nerveux, ces aperçus originaux, ces jugements si sûrs sous la blague verveuse, ces merveilles d'esprit, de finesse et de goût, je regarde attentivement le lecteur, dont la main frappe inconsciemment la table par petits coups saccadés, et dont la voix est coupée, de temps en temps, de suffocations nerveuses à peine perceptibles. Cette émotion, si bien dissimulée qu'elle soit, me prouve, hélas! que l'effroyable blessure faite, par la mort, au cœur de ce délicat et de ce tendre, n'est pas encore cicatrisée et ne le sera probablement jamais.

Il faut connaître l'existence menée par les deux frères de Goncourt pour comprendre que le départ éternel de l'un a brisé la vie de l'autre. Etre lié par le sang avec un homme qui partage vos goûts, vos haines, vos adorations; vivre avec lui sous le même toit, côte à côte, longtemps, toujours; s'identifier si étroitement qu'une même pensée est transcrite dans des termes identiques par l'un et par l'autre renoncer aux joies intimes du foyer, afin qu'un tiers n'accapare pas une part de l'affection commune ; lutter de longues années ensemble, en enchevêtrant assez solidement ces deux tendresses pour ne pas tomber en route d'épuisement et de découragement; arriver enfin au but, et, au moment de l'atteindre, sentir la main qu'on pressait depuis le berceau se dégager de votre étreinte, voir disparaître le compagnon de toute la vie, l'ami de tous les instants, le collaborateur de tous les labeurs, qui vous laisse subitement seul, abasourdi, brisé, anéanti, perdu dans ce monde qui est vide, puisqu'il n'est plus là, l'autre, le frère qui l'emplissait à lui seul! Oh! le douloureux drame et comme l'on se sent pris de sympathique respect pour l'auréole de tristesse qui entoure la tête du dernier des Goncourt!

Le souvenir de l'absent est toujours vivace dans la maison qui avait été si amoureusement aménagée par les deux artistes. Le visiteur sait que le goût de ce raffiné exquis a aidé Edmond à chercher et à grouper les merveilles qui remplissent l'hôtel d'Auteuil. La collaboration a été si fortement soudée qu'il est impossible de discerner la part du vivant d'avec celle du mort, de sorte que l'union de ces deux cœurs et de ces deux intelligences continue même au delà de la tombe.

Mais le jour baisse, et l'ombre gagne lentement le cabinet, malgré la trouée crue que fait la haute fenêtre sans rideaux ouvrant sur le jardin. Les dernières lueurs du jour sont venues s'accrocher aux figurines de Saxe placées sur la cheminée, puis elles ont été caresser un pastel représentant le maître de la maison, une des meilleures œuvres de ce pauvre de Nittis, et maintenant elles sont arrêtées sur un livre, à reliure noire, placé sur la table. Ce livre, sur la couverture duquel se trouve un beau portrait émaillé de Jules de Goncourt, par Popelin, renferme les lettres de condoléance que l'auteur de la *Fille Elisa* a reçues à la mort de son frère, et les articles qui ont parlé, à cette époque, de l'homme qui a eu une influence prépondérante sur l'art contemporain. Là sont réunies, comme dans un sachet par-

fumé, toutes les fleurs impérissables jetées sur un cercueil chéri. Celui-là, c'est le souvenir glorieux et réconfortant. Mais, dans une des chambres de l'hôtel, j'ai aperçu tout à l'heure, le souvenir intime et déchirant : un fauteuil double, inutile aujourd'hui, puisqu'une des deux places doit rester éternellement vide.

La pièce est maintenant presque complètement sombre. M. de Goncourt a arrêté sa lecture.

Le rêve est fini, il faut rentrer à Paris, recommencer la vie bête de chaque jour.

En me retrouvant sur le boulevard Montmorency, sous l'impression très vive de ce que je viens de voir et d'entendre, l'esprit de la maison du grand artiste semble s'incarner dans le tableau qui s'offre à mes yeux : avec son œil rouge de cyclope au front, le train de ceinture passe, en faisant trembler le sol et en entraînant, dans sa course folle, un tourbillon de feuilles mortes ; il file sur le rail, symbole de notre existence active, fiévreuse, dévorante, dont l'âpre poésie a été si magistralement comprise et exprimée par les frères de Goncourt. Se détachant durement sur un ciel d'automne — empourpré à l'horizon par le coucher du soleil et lavé au zénith dans une teinte bleutée dégradée insensiblement jusqu'au vert pâle — les arbres du bois de Boulogne estompent leurs masses noires. Traité à grands coups de pinceau, sans modelé, ni demi-teintes, par larges teintes plates dont la justesse de la valeur et la précision de la silhouette donnent seules la vie aux objets, ce paysage parisien, légèrement adouci par nos brumes de Novembre, ressemble à une aquarelle japonaise sur laquelle un peintre impressionniste aurait jeté l'ambiance et la fluidité moite de notre atmosphère.

La fenêtre du cabinet de travail de M. de Goncourt s'est éclairée ; penché sous sa lampe, seul avec ses souvenirs, le frère a dû reprendre la lecture interrompue des lettres de l'éternel absent. Tourné vers le passé, peut-être trouve-t-il encore que la gloire est « une tête de mort couronnée de lauriers », car si l'un est entré vivant dans la postérité, l'autre est tombé sur la route, blessé par la vie, assassiné par la bêtise humaine, et c'est sur une tombe que s'amoncèlent les fleurs triomphantes de l'apothéose d'aujourd'hui.

LES FLAMANTS

LES FLAMANTS

SUR UN PLAFOND EXÉCUTÉ PAR Melle LOUISE ABBÉMA

A Maurice Rollinat.

Perchés sur leurs longues et minces pattes, deux flamants, au casque noir, aux plumes roses, se tiennent près d'une vasque japonaise.

Sous un ciel pâle, glissent, argentés et légers, des nuages aux silhouettes molles.

Des plantes luxuriantes étalent, avec orgueil, leur exubérante vitalité que semble exacerber la sève bouillonnante du printemps. Sur la verdeur crue des feuilles, saignent les roses pourprées, et dévale l'avalanche odorée des fleurs multicolores.

Fraîche, limpide, gazouillante, l'eau s'échappe dans le bassin aux originales sculptures ; elle tombe, découlant du rictus mauvais d'un monstre de faïence — balafré de couleurs heurtées et dures — à qui la buée met des larmes dans l'œil sans regard.

Des lanternes de Yeddo qui sommeillent — dans

des ondulations coquettes — au souffle d'une brise très douce, laissent iradier au soleil leurs tons violents, mais savamment rythmés.

Et les flamants au casque noir, aux plumes roses, écoutent gravement l'eau qui chante. Hiératiques, hautains, mystiques, rêveurs, ils restent indifférents aux joliesses mièvres, aux mondanités névrosées qui les entourent.

Avec leurs yeux ronds d'une fixité de cadavre, ils trouent l'espace, les oiseaux exilés, et cherchent la patrie perdue.

Ils songent à un ciel embrasé, à un atmosphère de feu, à un sol sans verdure, à des arbres poudreux, à une flore étrange, à des sphinx accroupis dont la tête — monstrueuse et amie — leur servait de perchoir, aux momies sacrées — déchiquetées par les siècles — qui, les nuits d'orage, leur offraient l'hospitalité dans les hypogées peintes, aux ruines qui se mirent, vénérables, dans le miroir plombé du Nil. Ils pensent à l'effondrement des races, à l'écroulement des siècles, au sommeil éternel des civilisations géantes qui dorment, inconnues, sous le sable égyptien.

D'un battement d'ailes silencieux et languide, les flamants au casque noir, aux plumes roses, appellent l'infini, l'immensité, le vol fou dans l'air libre, avec la griserie superbe donnée par l'horizon qui fuit, qui fuit sans cesse, qui fuit toujours dans un poudroiement radieux, dans un éparpillement d'air azuré.

Perchés sur leurs longues et minces pattes, deux flamants, au casque noir, aux plumes roses, se tiennent près d'une vasque japonaise.

LA RENTRÉE DU POTACHE

LA RENTRÉE DU POTACHE

A Paul Gallimard.

Les jambes allongées sous la table, le dos renversé sur la banquette, je regardais, en pensant à

autre chose, la salle du restaurant, très animée à cette heure de la journée. Le brouillard gris de la rue semblait avoir traversé les murs ; mêlé à la fumée d'un cigare qui zébrait le plafond de spirales bleuâtres, il donnait à la pièce d'une joyeuseté voulue, avec ses ors et ses peintures endimanchés, la mélancolie plate des destinées ratées. La vue d'un tambour de basque crevé ou l'audition d'un vaudeville sans gaîté procure une impression semblable.

Très affairés, les garçons allaient et venaient d'une table à l'autre, silencieux, glissant sur leurs souliers sans talons. Les consommateurs n'avaient rien de particulier, corrects sous la banalité courante — car aujourd'hui on ne sait même plus être ridicule. — Les uns, seuls à table, un journal près de l'assiette, lisaient en découpant, ou mangeaient en regardant les femmes, du coin de l'œil ; les autres, entre amis, causaient à demi-voix, en gens bien élevés, sans s'occuper des voisins. Et les lambeaux de phrases qui m'arrivaient aux oreilles, coupés par le bruit sec d'une fourchette frappant une assiette et le glou-glou chromatique d'une bouteille, apportaient à ma rêvasserie quelque chose comme l'accompagnement à la tierce d'une mélodie italienne, ronronnante et berçante dans sa monotonie soporifique.

A côté de ma table, se trouvaient un petit collégien et son père, tous deux en grand deuil.

L'homme, sanglé dans un veston à la dernière mode qui lui donnait l'aspect d'un garçon d'écurie *en cérémonie*, ne devait guère avoir plus de quarante ans, quoique son crâne dénudé, ses joues flasques, son regard de poisson mort le fissent paraître plus âgé.

Fluet et perdu dans sa tunique, l'enfant formait un contraste saisissant avec son père. La peau, d'une finesse et d'une blancheur de fille, laissait voir, aux tempes et au cou, des veines bleues; de longs cils pâles encadraient des yeux humides et transparents d'une douceur extrême; un nez droit, une petite bouche charnue dont les lèvres rouges restaient entr'ouvertes, un menton rond et bien dessiné complétaient un ensemble adorablement pur, naïf, doux et bon, auquel des cheveux d'un blond roux et chaud comme de l'or en fusion, ajoutaient un éclat incomparable.

Aucun lien, aucune intimité apparente entre ces deux êtres. Avachi sur sa banquette de velours, le père ne semblait s'intéresser qu'à une assez jolie fille qui déjeunait seule, dans le coin opposé de la salle. Il n'avait pas adressé une seule fois la parole au petit garçon qui, gauchement assis sur le bord de sa chaise, paraissait fort intimidé; d'un air étonné, il contemplait ce qui l'entourait et rougissait jusqu'aux oreilles chaque fois que je le regardais attentivement.

Pris d'un intérêt sympathique pour cette délicate plante de serre chaude, je me mis à reconstituer l'histoire — probablement fantaisiste — de mes deux voisins, en achevant à petits coups, un verre de Kummel.

∴

Le père égoïste, grossier, viveur était veuf. De là le grand deuil.

La mère, à qui le mariage avait apporté amertumes et douleurs, avait consacré sa vie à ce fils qu'elle avait choyé et adoré, voyant en lui l'unique lien qui la rattachait à ce monde. Mais chétif et malingre était le rejeton de l'homme qui avait usé sa jeunesse dans les boudoirs louches, les cabinets particuliers, les noces crapuleuses. Il avait donc fallu lutter pied à pied pour arracher à la mort ce petit être, presque condamné avant de naître.

Je voyais la chambre aux tapis moelleux, aux tentures de soie, aux meubles luxueux, aux parfums discrets qui avait servi de nid à l'enfant dont le berceau s'abritait sous les rideaux ombreux du lit maternel. Pas de nourrice, pas de gouvernante, pas d'institutrice. La mère avait été tout cela, car elle mettait un orgueil jaloux à éloigner de son idole ceux qui auraient pu enlever ou même détourner une parcelle de l'affection qu'elle gardait pour elle, bien entière. Donnant tout, elle voulait tout avoir.

L'enfant avait grandi dans cet intérieur, capitonné pour lui de tendresse et de bonheur. Sa nature nerveuse s'était affinée au contact de délicatesses exclusivement féminines, tandis que son cœur s'était attendri et mélancolisé sous l'impression de la tristesse latente qui l'entourait.

Quant à son père, il le connaissait à peine. C'était un monsieur quelconque qui effleurait quelquefois sa joue d'un baiser distrait, qui lui apportait des joujoux seulement au jour de l'an et qui lui inspirait une terreur instinctive parce qu'il criait, s'emportait constamment et faisait pleurer sa mère. Dans ce personnage aux fortes mains velues et à la voix rude qui puait le tabac, le petit être ne retrouvait rien de ce qu'il aimait. Aussi sa bouche seule disait-elle : papa; ce mot si tendre dans sa vulgarité ne trouvait pas d'écho dans son âme.

A neuf ans, les joies intimes et un peu graves de cette enfance étaient brusquement brisées : après une maladie de quelques semaines, la mère mourait.

L'enfant n'eut pas la perception bien nette de son malheur. Il sentit seulement en lui un déchirement indéfinissable, l'angoisse d'un inconnu terrible, le vertige que donne le vide, et ses yeux pâles se levèrent — étonnés et effrayés — vers le ciel qui le frappait si impitoyablement, afin de connaître la faute qu'il avait pu commettre pour mériter un si dur châtiment. Longuement il regarda la silhouette de l'être tant aimé qui dormait du vrai sommeil, immobile sous le drap blanc; à genoux près des cierges, il sanglota si désespérément en appelant : maman,

qu'il crut que son cœur allait crever. Enfin la nuit venue, une domestique l'arracha de la chambre mortuaire et il s'endormit en étouffant ses larmes dans l'oreiller, sans que personne vînt le consoler, ni l'embrasser, comme autrefois.

Le lendemain, vêtu de noir, il suivit le corbillard dont les franges d'argent brillaient au gai soleil. A l'église, de la musique, de l'encens, une foule pressée de gens qu'il ne connaissaient pas et qui l'appelaient « pauvre petit ». Ensuite, voilà la marche vers le cimetière, avec le parfum persistant des fleurs qui recouvraient le char, parfum remplacé bientôt par l'odeur de la terre humide. La bière gémit, des cordes craquent, un choc, le bruit sourd des pierres tombant sur une boîte; encore des chants; puis plus rien. Blotti dans une voiture noire dont il a bien difficilement atteint le haut marche-pied, il rentre dans la maison vide et, seul dans sa chambrette, le mot d'orphelin lui traverse l'esprit, bourdonnant dans sa tête lourde et brûlante: orphelin, c'est fini, il est orphelin.

Un mois plus tard, en octobre, on lui fait quitter son grand col, sa veste, sa culotte courte; on lui met un pantalon d'homme qui tombe jusque sur ses souliers dont le cuir blesse ses pieds, et une tunique dont le drap lui écorche le cou; on lui coupe ses longues boucles soyeuses, ses boucles dont sa mère était si orgueilleuse et qu'elle peignait elle-même doucement, bien doucement pour ne pas lui faire de mal.

Sur les épaules et le col de la tunique neuve, je voyais des cheveux fraîchement coupés et oubliés par la brosse.

*
**

Le premier lundi d'octobre est arrivé, il faut entrer au collège. Mais, avant l'incarcération au lycée Louis-le-Grand, le père, qui comprend ses devoirs, emmène son fils déjeuner chez Foyot. Il a bien fait les choses d'ailleurs, et ce n'est pas de sa faute si le gamin n'aime pas les plats épicés qu'il a commandés. Quelle corvée ! Elle ne se renouvellera pas de sitôt heureusement.

— Pauvre petit potache, rappelle-toi le bien ce déjeuner, car il est le dernier acte de ton enfance heureuse, pure, honnête et bonne. Du lycée où tu entres fleur, tu sortiras fumier; ta candeur sera tournée en moquerie, tes instincts généreux seront martyrisés, ta bonté sera traitée de bêtise, et tu deviendras lâche et hypocrite afin de capter la bienveillance d'un pion ou d'un professeur qui, le premier à ricaner de tes airs de fille, encouragera contre toi les lazzis de tes camarades, encore plus vicieux que méchants. Tu es faible ? tu seras roué de coups. Tu es triste ? tu seras blagué. Tu es timide ? tu seras écrasé par les impudents et les drôles. Tu vas voir sous un jour cyniquement et cruellement vrai l'humanité à ses débuts, toi dont les larmes sont les seules armes que tu possèdes contre la vie. Oh ! ces larmes dévore-les, renfonce-les dans ta gorge, ne les montre pas surtout, car au lycée, vois-tu, on ne doit jamais pleurer — même à huit ans — sous peine de devenir ridicule et de ne pas être un homme. Tu apprendras cela et l'histoire et la philosophie, et le latin et le grec, et même le français — par-dessus le marché — oui, tu apprendras bien d'autres choses encore, mais cette science-là te coûtera cher, car tu la paieras de ce que tu as de grand, d'élevé et de meilleur en toi, et ce n'est pas seulement le rose de tes joues que tu perdras dans cette bâtisse crasseuse et sombre, dans ce lazaret du vice, dans cette cage sans soleil et sans fraîcheur où s'ossifie le cœur et où s'atrophie le corps.

. . . .

. . . .

Le déjeuner de mes voisins était fini.

La face congestionnée par un succulent repas arrosé de Pomard 66, mon homme avait allumé un londrès et, d'un air ennuyé, faisait signe à son fils de se lever. En traversant la salle, il jeta un dernier regard de regret et de convoitise à la femme qu'il dévisageait impudemment depuis une heure, ouvrit la porte et sortit.

Le brouillard s'était changé en pluie qui tombait fine et froide. A travers les glaces du restaurant, je vis le père relever le col de son pardessus et ouvrir son parapluie. L'enfant tendit une main qu'on ne prit pas, regarda d'un air étonné et triste son compagnon, puis, courbant la tête, il se mit à marcher à découvert dans cette poussière humide et pénétrante, en cherchant à régler son pas menu sur les grandes enjambées de son père.

Pauvre petit potache !

LE CLOWN

LE CLOWN

A Edmond de Goncourt.

Par désœuvrement, j'étais entré, l'été dernier, au Cirque des Champs-Élysées. La représentation se traînait péniblement, comme noyée dans la buée lourde et chaude au milieu de laquelle acteurs et spectateurs, également ruisselants de sueur et également ennuyés, semblaient sommeiller. Au bout d'une demi-heure de haute école, de cerceaux de papier crevés, de banderolles franchies, je me trouvais suffisamment hébété comme cela et j'allais me lever pour partir, lorsque les Humpeckell sautèrent dans la piste.

Qui a vu les Hanlon-Lee, les maîtres du genre, connaît à peu près toutes les autres troupes de clowns qui exécutent des pantomimes dont le fond, si ce n'est la forme, est toujours le même. Les Martinetti, les Boisset et les Lauris n'ont guère varié la formule, pas plus que leurs nombreux imitateurs, venus d'Angleterre, d'Italie, d'Amérique ou..... des Batignolles, dont les noms n'ont pas laissé de trace d'un hiver à l'autre.

Comme leurs devanciers, les Humpeckett étaient vêtus du costume traditionnel : habits aux couleurs voyantes avec basques pendantes jusqu'aux talons, gilets aux revers énormes, pantalons collants se terminant par des pieds pointus et longs de quarante centimètres, larges cravates de dentelle, perruques bleues, blanches ou noires et, sur le visage, le lourd maquillage anglais aux tons heurtés, violents et crus qui dissimule aussi complètement la personnalité de quelqu'un que le masque le plus épais.

La pantomime commença et je restai dans ma stale, empoigné par un spectacle qui m'a toujours, je ne dirai pas amusé, ni intéressé, mais étrangement émotionné. Oui, émotionné et émotionné, avec une pointe de ces terreurs enfantines qui vous glacent le cœur et vous font courir un frisson sur la nuque.

C'est qu'ils ont quelque chose d'étrange et de fantastique, ces clowns dont les vêtements rappellent les nôtres, mais les nôtres vus dans le cauchemar ou la fièvre, dont le mutisme semble mystérieux avec le mouvement épileptique qu'ils se donnent, dont la physionomie paraît d'autant plus macabre et affolante qu'elle reste impassible, tandis que le corps exécute des sauts prodigieux, des contorsions inimaginables, des pauses inattendues. Ces

têtes glabres et mornes, fichées sur ces membres de possédés, atteignent l'idéal du fantastique.

Cependant, les quatre Humpeckett emplissaient la piste de leur tourbillon.

Ils s'étaient réciproquement cassé sur la tête les instruments qu'ils tenaient en entrant, ils avaien fait le saut périlleux à travers une grosse caisse, ils avaient exécuté le grand écart par dessus une contrebasse, ils avaient joué du tambour avec leurs pieds; ils s'étaient battus, souffletés, tiraillés, pilés, déchiquetés, mis en loques, lorsque l'un d'eux, sautant sur une bouteille placée sur la table, commença gravement à jouer du violon. Ses camarades formèrent aussitôt le cercle avec des gestes d'admiration grotesques et dans des attitudes inouïes qui firent pâmer de rire la salle entière.

C'était la *Rêverie* de Schumann que jouait le clown, et cette admirable page était exécutée avec un tel sentiment des nuances, une telle intelligence musicale, que je ne pus retenir un mouvement d'ébahissement. Je regardai attentivement le pitre : les pieds crispés sur la bouteille, afin de garder l'équilibre, les jambes nerveuses — que la couleur noire du maillot faisait encore plus maigres — tendues à se briser, le corps grêle perdu dans le frac sombre et trop large, le blanc du maquillage rendu luisant par la sueur qui perlait sous la perruque rouge, le pauvre diable me fit l'effet d'un personnage d'Hoffmann caricaturé par Daumier. Le regard, par exemple, n'était ni gai ni comique. Enfoncé sous l'orbite, hagard, sombre, illuminé, l'œil qui regardait avec une fixité de fou, sans rien voir, était presque effrayant. Il me donna un coup au cœur, cet œil, car il me sembla le reconnaître

et en avoir déjà subi la poignante impression.
Mais où et quand?

Je cherchais à retrouver des traits sous le masque pâteux du clown, à déchiffrer l'énigme de ce sphinx dont le regard seul vivait — impossible. La perruque, les faux favoris, les tons crus du vermillon me déroutaient, et cependant, j'en étais maintenant bien certain, j'avais vu ces yeux-là quelque part. Une lueur me traversa enfin la mémoire : le clown perché sur la bouteille, c'était bien lui, Pierre Moreau, l'ami dont je n'avais pas entendu parler depuis cinq ans!

Je l'avais rencontré dans un déjeuner d'artistes où un sculpteur l'avait amené pour nous faire voir un « bon type. » Le brave garçon qui ne se doutait de rien, me fit pitié, avec son air naïf, timide et farouche de bête mise en cage.

Quoique à peine âgé de vingt-cinq ans, il avait le crâne dénudé et poli comme celui d'un vieux moine, et les quelques cheveux qui lui restaient étaient gris. Sous ses manières gauches, sous son visage fatigué et souffrant, je devinai un blessé de la vie et toute ma sympathie alla à lui. Au dessert, nous étions amis et, le lendemain, dans sa petite chambre, où il m'avait prié de venir le voir, Pierre me conta son histoire.

Il était le fils d'un marchand de ferrailles venu d'Auvergne à Paris en sabots, pour chercher fortune. Les affaires avaient d'abord mal marché. Sans instruction, sans relations, sans appui, le père Moreau avait deux fois tout perdu au moment où il croyait toucher au port. La troisième fois, il avait enfin acquis, si ce n'est l'aisance, du moins un certain bien-être, et il était venu s'établir rue Sainte-Marguerite, dans cette ruelle puante, sombre et humide qui avoisine le faubourg Saint-Antoine. Pierre était né là; il y habitait encore.

Son frère — plus âgé que lui de quatre ans — au torse puissant, aux bras d'athlète, s'était mis de bonne heure à l'enclume, naturellement, comme les canards vont à l'eau. Pierre, chétif et malingre, ne quittait pas les jupons de sa mère qui avait un faible pour lui, et il ne se sentait nullement tenté par le métier du père. Par quel prodige inexplicable, par quelle mystérieuse intuition, ce petit être, poussé dans la limaille de fer, né de parents qui ne savaient même pas lire, entouré de brutes aux mains et aux cerveaux tannés, se prit-il de passion pour la musique? Mystère. Toujours est-il qu'à sept ans il déchiffrait les partitions les plus difficiles, qu'à neuf ans il composait un morceau pour la fête de sa mère, et qu'il le lui jouait sur un vieux clavecin cassé qu'il avait déniché chez le marchand de bric-à-brac son voisin.

Le cœur de la bonne femme se fondit en entendant pianoter le petit, mais le père Moreau fut moins sensible au concert, et la lutte commença, terrible, tenace, journalière entre le musicien et le marchand de ferraille. La victoire resta pourtant à la mère qui

n'y comprenait rien, mais qui pleurait en entendan son *fieu* jouer du violon; car Pierre avait appris un autre instrument, toujours seul bien entendu.

Bon gré, mal gré, le vieil Auvergnat dut céder et faire donner à son fils, dont les douze ans approchaient, des leçons par un râcleur du quartier qui jouait dans les bals Musette.

L'année suivante, l'enfant fut reçu au Conservatoire où il obtint le second prix; il allait rentrer dans sa classe, lorsque sa mère mourut. Le coup fut si rude pour cet affectueux et ce sensitif qu'il eut une fièvre cérébrale.

Aussitôt Pierre guéri, son père lui annonça que le temps de la paresse était fini et qu'il fallait se mettre à travailler à côté de son frère. Lui, sans rien répondre, s'attaqua bravement à la besogne; mais il fit un si déplorable marchand, il commit tant de maladresses que Moreau, brave homme en somme et aimant son fils au fond, le laissa reprendre petit à petit sa musique, en ayant l'air de croire qu'il s'occupait toujours exclusivement de la fonte, du cuivre et de l'acier.

L'artiste vivait enfin, mais l'homme allait cruellement souffrir.

Le frère qui trimait tout le jour, brûlé à la forge ou glacé par l'air humide du chantier, reprocha brutalement à ce petit-maître aux mains blanches la nourriture que lui et son père gagnaient seuls. Pierre se levait souvent de table, rouge d'humiliation, et allait demander à son cher violon la consolation de toutes ses peines; mais, alors, le bruit de l'enclume, clair, sonore, implacable, trouant les murs, crevant les portes, l'empêchait d'entendre ce qu'il jouait. S'il attendait le soir ou la nuit pour

composer, son frère furieux qui se couchait de bonne heure, lui criait de se taire et de laisser au moins dormir « les imbéciles qui lui donnaient à manger. »

Lorsque le jeune homme me raconta sa vie, il y

avait quatre ans que ce martyre durait. Le malheureux avait cherché à s'en délivrer; il avait essayé de trouver des leçons, d'entrer dans un orchestre, de copier de la musique, mais toutes les portes étaient restées closes. Et c'était cependant une belle et grande nature d'artiste que ce nerveux mystique qui envoyait des baisers au buste de Beethoven, qui pleurait en lisant Baudelaire, et dont le cœur vibrait comme une harpe éolienne à la moindre manifestation artistique.

Je me mis en quatre pour lui être utile et j'étais parvenu à lui procurer une modeste place de répétiteur dans une pension, lorsque tout-à-coup il était parti sans qu'on sût où, et sans me dire un mot.

A certaines phrases qui lui étaient échappées quelques temps auparavant, j'avais cru comprendre qu'une femme avait pris une place énorme dans sa vie, qu'une passion terrible s'était abattue sur ce pauvre cœur déjà si meurtri, passion sans joie, sans issue, sans espoir. Et il s'était enfui, ivre de déceptions, d'amertumes, d'humiliations, de douleurs, enfui sans laisser de traces, afin d'être oublié même de ceux qui l'aimaient.

. . . .

Debout sur la bouteille, grotesque et lamentable sous sa souquenille, Pierre Moreau jouait toujours, les yeux en extase et perdus dans le vague.

LE JOUR DE L'AN D'UN DIVORCÉ

JOUR DE L'AN D'UN DIVORCÉ

A Albert Besnard

Le domestique tira les rideaux.
Un jour gris et maussade, tamisé par une buée lourde, envahit la chambre.

— C'est vous, Etienne?
— Je demande à Monsieur la permission de la lui souhaiter bonne et heureuse.

— Tiens, au fait, c'est le jour de l'an, aujourd'hui. Merci, mon garçon. Avez-vous des lettres?

— J'ai mis le courrier de Monsieur sur sa table de nuit, avec les journaux. Monsieur déjeune-t-il chez lui?

— Oui, vous mettrez trois couverts ; j'attends des amis. Apportez mon chocolat et allumez le feu.

Et Robert Mérien qui s'était mis sur son séant, se recoucha en s'entortillant frileusement dans ses couvertures.

La vie lui semblait douce dans l'engourdissement délicieux du demi-sommeil, dans la chaleur du lit, dans l'impression du bien-être indéfinissable que lui procurait l'aspect élégant de sa chambre, toute pimpante dans la toilette neuve et de bon goût, préparée par un tapissier à la mode. L'œil distrait, regardant, sans la voir, une aquarelle de Delort qui trouait, d'une note claire, l'andrinople de la tenture, il se mit à rêvasser.

Il était donc garçon, libre, indépendant et son seul maître ! Depuis dix jours seulement, il était divorcé et, malgré lui, il souriait en pensant que c'était fini et bien fini. Il pourrait faire la fête à son aise.

Les corvées qu'il redoutait tant, les papiers timbrés, les avoués, la chicane, le Palais de Justice, les longues attentes dans les études sombres, les plaidoiries blessantes des avocats, les journées perdues dans des démarches énervantes, tout cela était loin, envolé comme un cauchemar éphémère.

Il allait donc enfin les cueillir, ces roses tant désirées dont les épines lui avaient jusqu'ici piqué les doigts.

C'était trop niais aussi; un Parisien renforcé comme lui n'épouse pas une ingénue de province n'entendant rien et ne voulant rien comprendre à l'existence. De quoi diable s'était mêlée sa tante de Blois, qui avait manigancé ce mariage?

Oh! cela n'avait pas été long. Un an après la cérémonie, on ne pouvait plus se sentir.

Assommante cette Berthe; sèche, collet monté, froide et jalouse surtout! d'une jalousie stupide, mesquine, mal élevée. Elle décachetait les lettres, fouillait les poches, le faisait suivre, l'espionnait. C'était ridicule. On n'emploie pas de pareils procédés dans un certain monde. De son côté, par exemple, il n'avait pas été adroit, il le reconnaissait; ne s'était-il pas laissé pincer, comme un gamin, dans la lingerie, avec une femme de chambre? Au fond, il n'y avait pas là de quoi fouetter un chat, car elle était vulgaire et bête à pleurer, cette histoire. Mais, avec une mijaurée comme sa femme, les grains de poussière prenaient des proportions de montagnes. De suite, le divorce avait été mis en avant; les amis avaient essayé une réconciliation, mais le beau-père, un prud'homme grotesque, avait tout gâté avec son ton cassant et sa solennité de Jocrisse. L'amour-propre s'en était mêlé et, ma foi tant pis, le divorce avait été prononcé, après six ans de ménage. Il n'y avait qu'une chose qu'il regrettait, c'était d'être séparé de sa petite Christiane. Le Tribunal l'avait laissée à sa mère — naturellement ; — mais bah! il la reverrait de temps en temps, il n'y avait pas besoin de se mettre pour cela martel en tête.

Aujourd'hui, tout à la joie! Il recommençait la vie et il comptait la recommencer bonne. Trente-cinq ans, beau garçon, santé de fer, fortune rondelette, confortablement installé — comme un rat au milieu d'un fromage — dans la coquette garçonnière qu'il venait de meubler rue de Miromesnil, il n'avait qu'à se laisser vivre pour être l'homme le plus heureux de la terre. Ce n'était plus Paris qu'il habitait, c'était le cœur même du Paradis de Mahomet.

En apportant le chocolat sur un plateau d'argent, le domestique interrompit la rêverie du dormeur éveillé.

— On vient de remettre cette lettre pour Monsieur, dit-il.

Un des invités de Mérien s'excusait de ne pouvoir déjeuner. Retenu à l'improviste par sa sœur, il n'avait pu refuser, à cause du Jour de l'An.

— Vous ne mettrez que deux couverts, fit Robert.

A moins, ajouta-t-il en décachetant une enveloppe perdue sous des cartes de visite, à moins que... oui, c'est l'écriture de Trémonts, attendez.

Et il lut à demi-voix :

« Mon cher ami,

» En acceptant ton invitation, j'avais totalement
» oublié le Jour de l'An. Le tyran, lui, s'est souvenu
» de moi et il m'a appréhendé au corps ; il faut que
» je déjeune en famille avec ma femme, mes en-
» fants et... ma belle-mère ! Tu ne comprends plus
» ces nécessités sociales, affreux célibataire ; mais
» tu as trop d'esprit pour ne pas excuser ceux qui
» en sont les victimes.

» Mille regrets et à bientôt,

» J. DE TRÉMONTS. »

— Encore un lâcheur ! Décidément, vous ne mettrez pas de couverts du tout ; je sors.

Sautant à bas de son lit, Mérien passa dans son cabinet de toilette, après avoir pris son chocolat en grognant :

— Comme ce serait drôle de déjeuner seul, un jour comme celui-ci ! Non, merci, je préfère aller au cercle.

Sa belle humeur avait reçu un accroc inattendu.

La vue du ciel implacablement sombre, si bas que

les toits semblaient le porter, le jeta dans une inconsciente mélancolie.

La gaieté lui revint pourtant avec la première bouffée d'air froid qui lui cingla le visage.

L'animation de la rue, les figures affairés des passants, l'éclat des boutiques, la physionomie si caractéristique que prend Paris le 1er janvier, peut-être aussi un excellent cigare, rendirent à ses idées la teinte ensoleillée du réveil.

Descendant le faubourg Saint-Honoré, Mérien fit, en flâneur, le grand tour ; il prit les boulevards et la rue de la Paix pour gagner son cercle, auquel il arriva en fredonnant intérieurement un couplet du *Petit Duc*.

Il monta l'escalier silencieux comme une église, traversa l'antichambre, jeta un coup d'œil dans les salons absolument vides et pénétra dans la salle à manger. Le maître d'hôtel lui présenta respectueusement la carte.

— Est-ce que personne n'est encore arrivé ce matin? demanda Robert.

— Non, monsieur, personne. Aujourd'hui, monsieur doit le comprendre, on reste en famille.

— C'est bien, je déjeunerai dans une demi-heure.

Et, un peu nerveux, le jeune homme alla parcourir les journaux dans le salon de lecture.

Le silence, rendu plus profond encore par le pétillement du feu, le roulement éloigné des voitures, le froissement du papier, le silence lui pesait.

Il se trouvait ridicule, perdu dans cette vaste salle, seul dans ce cercle ordinairement si animé et si bruyant, observé par les domestiques dont il sentait les regards étonnés et railleurs à travers les portes. Il jeta son journal et prêta l'oreille, espérant saisir un bruit venant de l'antichambre.

Midi, midi et demi. — Personne.

La pendule sonna une heure, jetant sa vibration argentine dans cette pièce qui semblait appartenir au château de la Belle au Bois dormant. Mérien secoua sa torpeur et alla déjeuner.

La bouteille de Château-Yquem qu'il commanda fut sa seule compagnie.

En sortant, il trouva dans le vestibule, son valet de chambre qui l'attendait, une dépêche à la main.

Il fronça le sourcil. Déchirant l'enveloppe bleue d'un coup sec, il lut :

« Au regret — Dîne chez ma mère. — Si possible,
« irai te rejoindre ce soir loge Nouveauté, onze
« heures. — Merci bracelet, grand plaisir. — Ten-
« dresses.

» SPERANZA. »

— Sa mère ! je la connais, sa mère, elle doit avoir des moustaches et des chaussettes de soie. C'était bien la peine de me décarcasser pour louer une baignoire, un soir de seconde. Est-ce que tout le monde se donne le mot pour gâter ma journée? Je me sens terriblement agacé et je paierais volontiers un louis pour trouver l'occasion de gifler quelqu'un.

Son divorce l'avait mis en froid avec les membres de sa famille habitant Paris. Ne sachant comment employer son temps, Mérien prit le parti de faire quelques visites dans les rares maisons qui avaient continué à lui ouvrir leur porte, après son scandaleux procès.

Partout, il se sentit déplacé, mal à l'aise, gênant et gêné. Les meubles encombrés de joujoux qui, malgré la consigne, avaient envahi le salon, les visages joyeux, l'air de fête des appartements, les rires fous des enfants, la chaude intimité de la famille, tout accentuait la tristesse qui, insensiblement et malgré lui l'enlizait.

Lorsqu'à sept heures il se retrouva sur le trottoir, il chercha vainement le nom d'un intime à qui il pourrait, sans façon, demander à dîner. Où aller? — Au cercle? Il ne tenait pas à renouveler le supplice du déjeuner. Mieux valait encore la salle commune d'un restaurant; au moins, il éviterait le tête-à-tête avec lui-même.

Le rez-de-chaussée de Noël était bondé. Mérien, arrivé tard, parvint difficilement à se caser; il trouva enfin une table entre deux jeunes mariés, qui se regardaient trop pour manger, et une famille bourgeoise au grand complet — le père, la mère, un garçon et une petite fille — qui paraissaient ravis. Un peu gauche sous des habits trop neufs, ces braves gens laissaient librement déborder leur joie, sans s'occuper de l'étonnement dont ils étaient l'objet. Ils jouissaient en égoïstes d'un plaisir probablement impatiemment attendu et se trouvaient aussi à l'aise que dans leur salle à manger ; les parents parlaient haut et bourraient leurs enfants qui ne cessaient de poser des questions sur ce qui les entourait.

La fillette agée de cinq ans environ, le teint animé par la chaleur de la salle, les grands yeux noirs démesurément ouverts sur un spectacle si nouveau pour elle, contemplait, bouche béante, les arceaux mauresques du restaurant, ou poussait de grands éclats de rire, battait des mains, dansait sur sa chaise, chaque fois que le garçon apportait un plat.

La vue de cette mignonne créature, adorable dans sa naïveté, sa grâce, sa fraîcheur, son éclat, rappela brusquement à Robert sa petite Christiane qui devait avoir le même âge.

Un immense regret lui monta au cœur. Il fut pris d'un désir intense et irraisonné de voir son enfant, de la serrer dans ses bras, de l'embrasser, de l'emporter avec lui loin, bien loin. Mais, comme une étincelle électrique, il ressentit tout à coup la sensation d'une vie manquée, d'un bonheur irrémédiablement perdu, de tendresses à jamais fanées. La foule qu'il cherchait tout à l'heure lui devint odieuse. Il se leva étouffant, la gorge serrée, les jambes cassées, et sortit. Et maintenant, hypnotisé par une idée fixe, il voulait aller chercher sa Christiane, s'entendre appeler : « papa », comme cette brute qu'il avait à côté de lui, chez Noël. Un père a bien le droit d'embrasser sa fille, le Jour de l'An.

Baissant la tête sous le grésil qui commençait à tomber, bousculant les passants, prenant sa course, sans avoir même la pensée de monter en fiacre, Mérien gagna la rue Prony.

Mais le grand air, le froid, la longue marche avaient calmé sa surexcitation nerveuse. Le coup de folie était passé ; il comprit qu'il fallait plier le genou sous la destinée préparée par lui, de ses propres mains, et que, l'étranger, l'inconnu, le divorcé n'avait pas le droit de sonner à la porte de l'hôtel de sa femme, de celle du moins qui l'avait été. Il traversa la rue, leva la tête et regarda longuement cette maison où, malgré tout, il avait passé de si heureuses heures. La façade paraissait endormie et plongée dans un silence douloureux. A une seule fenêtre brillait une lumière très douce, semblable à celle d'une veilleuse, et l'on distinguait vaguement, à travers les rideaux de mousseline, la silhouette d'un lit d'enfant.

Toute la tristesse de cette journée vide, toute l'angoisse de l'abandon, toute l'horreur de l'irréparable crevèrent dans un sanglot.

Les moindres futilités de son existence passée lui revinrent en foule à la mémoire, et ces futilités prirent des proportions énormes. Il se rappelait le bonnet de baptême de Christiane avec son transparent rose ; la première fois qu'elle marcha seule, abandonnant le pouf de la chambre à coucher pour courir dans ses bras ; une capote de satin blanc qui lui allait si bien, avec un bouquet de plumes sur le côté ; la façon dont elle grimpait sur ses genoux pour jouer avec sa montre ; le compliment de deux lignes qu'elle lui avait récité pour sa fête, en zézayant, et soufflée par sa mère ; et mille riens puérils, insaisissables, charmants, dont le souvenir le grisait et lui déchirait l'âme.

Alors, ce blasé, ce sceptique, ce mondain, grelottant sous la pluie glacée, s'accota contre un mur. Sans faire attention aux passants, cassé en deux, la tête dans les mains, il se mit à pleurer comme un enfant, étouffant ses cris dans son mouchoir.

Un ouvrier qui portait dans ses bras un bébé endormi, passa près du misérable, et le regarda étonné.

— En voilà un qui a trop fêté le Jour de l'An,

murmura-t-il à sa femme. Malheur! j'sais pas s'il a son compte.

— Oui, complet comme l'omnibus. Si c'est pas une horreur! et un Monsieur encore. Quels noceurs que ces gommeux

Robert Mérien n'entendit pas ; il sanglotait toujours, tourné vers la fenêtre qui brillait, très calme, dans la nuit brouillasseuse et triste.

MON DERNIER CONCERT

MON DERNIER CONCERT

A Henri Pille

Je l'aurais voulu, il m'eût été bien difficile d'éviter ce qui m'attendait.

Depuis trois ans, j'avais su parer le coup droit que m'envoyait régulièrement chaque hiver le bénificiaire de ce malheureux concert; mais, cette fois, le gaillard s'était servi d'un dégagement de quarte qui m'avait boutonné en pleine poitrine.

M'ayant adroitement fait présenter son billet par la femme d'un monsieur dont l'influence m'inspire le plus vigoureux respect, il n'y avait pas à chicaner, évidemment j'étais touché. J'ébauchai donc un sourire nerveux et j'échangeai une pièce de dix francs contre un morceau de carton blanc qui me permettait d'assister à la soirée musicale que donnait M. Sollaxy, « avec le concours d'artistes distingués ».

Je remarquerai, en passant, que, depuis le plus

sale café de Belleville jusqu'au Conservatoire, tous les concerts se donnent toujours « avec le concours d'artistes distingués ». Faut-il qu'il y en ait mon Dieu, de ces artistes distingués, à Paris! Et on prétend que l'art est dans le marasme.

J'aurais bien pu offrir ce billet à mon concierge ou même le déposer délicatement dans la corbeille aux vieux papiers. Évidemment ; mais le bénéficiaire m'avait réservé gracieusement un fauteuil, — un fauteuil de premier rang, — mais je devais me trouver à côté d'un vieil ami que j'aime beaucoup et que le tourbillon bête de la vie m'empêche de voir souvent; mais j'avais promis à la dame qui m'avait fusillé du coupon, d'applaudir chaudement son protégé; mais j'étais assez curieux d'entendre un trio pour instruments à cordes de Benjamin Godard, qui ouvrait la séance, mais... probablement enfin que

Quos vult perdere Jupiter dementat

Toujours est-il qu'à neuf heures (la cérémonie était annoncée pour huit heures et demie) j'entrai chez Erard.

Premier désappointement : du joli salon Louis XV blanc et or aux tons fanés, que j'avais connu autrefois, on a fait un magasin de pianos et on a construit, il y a quelques années, une nouvelle salle de concert à laquelle on arrive par un grand diable d'escalier en pierre plus ambitieux que bien étudié. Le temple de la musique se tient dans des proportions mathématiques, une boîte aussi haute que large et que longue. Des consoles énormes supportent un tout petit balcon ; des pilastres et des colonnes engagées de l'aspect le plus solennel ; une estrade qui a l'air de la chambre à coucher d'un dentiste arrivé ; des loges qui regardent, je ne sais pourquoi, la porte d'entrée et boudent les exécutants ; énormément d'or ; tous les tons de l'arc-en-ciel jetés à droite et à gauche ; des guirlandes de roses bien honnêtes un peu partout ; et, aux portes — ce qui n'est pas banal, au contraire — des rideaux de velours rouge avec des crépines dorées. Tout cela manque de style, mais est rempli de prétention et de pédantisme ; un discours d'académicien saupoudré de fautes de français. Pourquoi donc, par exemple, l'architecte, qui doit être du reste un parfait honnête homme, a-t-il peint ses colonnes en jambon d'York? C'est, évidemment, d'un effet très inattendu, mais par trop succulent. Le jambon, à mon avis, est une chose excellente en sandwich ; en colonne, l'impression peut se discuter.

J'interrompis mes réflexions pour regarder à ma montre : neuf heures et demie et rien encore. Diable ! les artistes distingués se font bien attendre.

A dix heures moins un quart, un monsieur entre

— mouvement général. Serait-ce un des artistes distingués ? Le monsieur pousse le piano, l'ouvre et se retire. — Silence. Nouveau quart d'heure d'attente. — Décidément les exécutants sont très en retard.

Cette fois nous y voilà. — On s'agite extraordinairement dans le foyer des artistes ; la porte s'ouvre à deux battants et un gentleman, fort bien mis ma foi, s'avance, salue et annonce que Mlle Tayau n'ayant pu venir, on est obligé de supprimer du programme le trio de M. Godard. — Ça jette un froid. Un gros homme, mon voisin de droite, qui ne peut être qu'un parent du bénéficiaire, applaudit à tout rompre en se tordant de rire. — Ce n'est pas poli pour M. Godard, mais enfin l'intention est excellente ; le rire seul est peut-être un excès de zèle.

Une demoiselle très maigre et un monsieur dont la boutonnière est illustrée d'un camélia écarlate, sont au bord de l'estrade. Je regarde le programme : *Duo de Mireille*. L'accompagnateur plaque deux vigoureux *plan*, *plan* et...... Ah ! mais pardon, ce n'est pas du tout *Mireille*, ça, c'est un duo italien d'un opéra beaucoup plus bouffe que connu. L'homme au camélia se démène horriblement ; il est en nage, le malheureux, il ne marche pas, il bondit, il frappe du pied, il rejette fiévreusement le revers de son habit pour glisser son pouce dans l'entournure du gilet, il roule des yeux furibonds tout en hurlant des *per que* auxquels la demoiselle maigre répond sans s'émouvoir par une nuée de *si, si, si*. Ce petit exercice dure vingt bonnes minutes, pendant lesquelles l'accompagnateur plaque tranquille-

ment ses *plan, plan*, toujours les mêmes ; le public trépigne et le gros monsieur s'écrie, en frappant tant qu'il peut dans ses mains : « Quel homme que ce *Gounode*, quel homme ! »

Son enthousiasme ne se calme qu'à la vue d'une harpe, avec, tout autour, une vaste dame qui exécute le *Songe d'un Ange* d'un M. Godefroy, qui n'a rien de commun que le nom avec l'ancien criminel de Neuilly ; il a bien empoisonné toute une génération avec sa musique, celui-là, mais ce sont des crimes qui ne relèvent pas des tribunaux, de sorte que je tiens à ce qu'on ne le confonde pas avec son homonyme. *Le Songe* commence *glin, glin,* tout doucement, piano, pianissimo, et je m'endors........ *glin, glin, glin.*

Quelqu'un laisse tomber son chapeau avec un bruit de caisse roulante ; j'ouvre les yeux et j'aperçois mon malencontreux couvre-chef qui est allé mélancoliquement échouer à trois mètres. Tout le monde me regarde d'un air courroucé ; évidemment j'ai fait scandale. Quant à l'ange, vous croyez peut-être que cela l'a troublé ? Ah ! ouiche, il s'occupe bien de notre triste monde et de ses fanges, il y va toujours de son songe et de son petit *glin, glin.*

Mais, chut, tout à une fin, même le songe d'un ange ; le bénéficiaire lui-même, M. Sollaxy, est au piano et il attaque une valse de M. Mathias, dont les dames scandent la mesure avec la tête.

Un concerto de Herz vient ensuite. Puis le Monsieur au duo bouffe nous décharge en pleine poitrine un *Aria di Bravura* que je n'avais jamais entendu, mais que je connaissais déjà beaucoup trop. Je cons-

tate que, dans le dramatique, cet « artiste distingué » est infiniment plus drôle que dans le comique. C'est égal, je commence à en avoir assez, moi, du concert.

La demoiselle maigre nous émiette une romance composée par madame Ugalde — décidément les bras de cette jeune fille sont d'une opinion trop avancée ; — et M. Poussard se met à râcler sur son violon le *Carnaval de Venise*.

— Voyons, messieurs les députés, un bon mouvement, je vous en prie. Selon la poétique expression de feu Laroche-Joubert, faites quelque chose pour le bien du plus grand nombre et décrétez que tout individu — mâle ou femelle — qui sera convaincu d'avoir composé une nouvelle variation sur le *Carnaval de Venise* sera immédiatement envoyé dans une enceinte tout ce qu'il y a de plus fortifiée.

A la vingt-deuxième variation, j'étais à bout de force et j'allais me livrer à un acte de sauvagerie répréhensible en étranglant l'exécutant, lorsque M. Poussard s'arrêta et s'écroula sous un déluge d'applaudissements.

Le gentleman aux annonces, — toujours fort correct, mais le nez très rouge cette fois, — reparaît, salue et prévient « mesdames et messieurs » que M. Galipaux étant invité chez M. Grévy, M. Machinki, premier comique du théâtre de Penjdeh, veut bien le remplacer.

C'est un désastre; le parent même du bénificiaire, mon voisin, roule des yeux hagards et éperdus.

M. Machinki commence.

Fichtre, il a le choix malheureux, le premier comique de Penjdeh; ce qu'il nous récite est d'un drôle à faire pleurer Daubray. Il sort au milieu d'un silence sibérien, se cogne contre le piano, rebondit jusqu'à la porte et disparaît dans le foyer, puis — oh! stupéfaction! — revient en scène, descend l'estrade sourit et... crac, un autre monologue — le voilà remonté — cette fois avec des gestes. On dirait qu'il fait des chatouilles à l'obélisque.

Le désespoir se peint sur les visages, les défections s'accentuent, et je file à l'anglaise, en écrasant le pied de mon gros voisin qui doit avoir des cors. C'est bien fait, cela lui apprendra à être enthousiaste de la musique italienne.

. . . .

Ouf! dehors, je respire.

Minuit. La rue Paul Lelong est déserte. Seul un petit voyou de dix à douze ans égaie le silence en fredonnant la *Sœur de l'emballeur*. Je le suis, comme le voyageur dans le désert va à l'oasis. Malheureusement, il est timide ce virtuose du ruisseau, car en me sentant sur ses talons, il se tait.

— Dis donc, petit, vingt sous si tu chantes.

— Moi, m'sieu?

— Oui, toi.

— Chouette.

Tiens voilà Mathieu

Dieu que c'est bon la mauvaise musique !

— Voilà tes vingt sous et un bon conseil : Ne va jamais à un concert d'artistes distingués.

— Des concerts? ah ! maladie !... n'en faut plus. Merci, mon sénateur, à c't été.

Et le petit bonhomme tourna la rue de la Banque en chantonnant, d'une voix de fausset, le refrain suave de *Sacredié*.

EN VACANCES

EN VACANCES

―

A André Joubert

Les vacances, que de chers souvenirs ce mot-là éveille, comme il sonne clair, dans le cœur, la fanfare folle des jeunes années !

Passé un certain âge, il n'y a plus de vacances.

A de rares exceptions près, dès que la vie — l'implacable et sourde machine — vous a pris le bras dans ses dents de fer; dès qu'on a débuté sur cette scène où, pour soi, l'on joue toujours le premier rôle, c'est fini, on ne s'appartient plus. On peut fuir loin, très loin, la chaîne qu'on traîne — rivée au pied — s'allonge indéfiniment, mais elle ne se brise jamais.

Pour les uns, « les heureux de ce monde », c'est une chaîne légère, élégante, finement ciselée, un bibelot charmant, une œuvre d'art. Pour les autres, les vaincus ou les ratés, elle est lourde, brutale, vul-

gaire, bête et vile; mais pour tous, compagnons du même bagne, elle déchire la chair et fait saigner la jambe.

Pas un de ces touristes qui vont chercher le repos et la distraction sur les plages grondeuses, sous les arbres touffus, au sommet des montagnes, dans les plaines ensoleillées, au milieu de populations étrangères, sur les longues routes poudreuses, près des fleuves lointains, pas un de ces forcats en rupture de ban n'échange, contre le ticket pris au guichet, les soucis de l'existence.

C'est uniquement pendant l'enfance et les premières années de la jeunesse qu'elles existent les vacances, non pas seulement de nom, mais de fait. Plus tard, c'est fini. Les responsabilités vous étranglent; les inquiétudes, comme des feux follets, sautent devant vous dans les chemins; la tristesse du passé vous abêtit et vous glace. En se retournant, on aperçoit — marqués par des croix noires — les places des êtres adorés qui, lassés, sont tombés et vous ont laissés continuer seuls l'étape; et l'on garde la sensation du vide, dans la main qu'une autre main serrait. La mécanique du rire est cassée dans la gorge ou tellement rouillée par les larmes que, dès qu'elle fonctionne, elle rappelle la sinistre et ridicule pratique de Polichinelle.

*
* *

Quand j'étais gamin ; il faisait chaud dès le milieu de mai ; à partir de juin le soleil ne quittait plus l'affiche. C'est du moins l'impression qui m'en est restée.

Tant que le ciel était gris, tant que la bise aigre faisait grincer les girouettes oxydées, je me tenais, au lycée, tranquille sur mon banc, et je ne pensais guère à la campagne — à la vraie campagne — comme je disais alors. Mais dès que j'apercevais un coin de bleu, à travers la haute fenêtre de la classe, Cicéron perdait, à mes yeux, tout son prestige ; Démosthène me laissait froid, et les mystères du *que* retranché s'emplissaient d'ombres.

Je vois encore un gros marronnier d'un vert tapageur dont une branche goguenarde venait se coller contre les vitres et m'adressait des œillades incendiaires. M'en a-t-il donné des distractions ce monstre d'arbre, et quel déluge de pensums il a fait pleuvoir sur ma tête !

J'avais beau calmer mon effervescence par des rasades de coco tiède que je portais dans ma poche et dont je m'enivrais derrière le dos de mon professeur, rien n'y faisait. Je ne pensais plus qu'au mois d'août, au sifflet de la locomotive, au branle-bas du départ, aux paresseuses après-midi vautrées dans l'herbe, aux songeries que le roulement du tambour ou la voix fêlée d'un pion ne viendraient pas interrompre. Et je comptais les semaines, les jours, les heures.

Plus tard étant étudiant, l'attente était moins anxieuse. Je ne balafrais plus le calendrier de traits de plume, mais les vacances n'en étaient pas moins encore les bienvenues; et j'avais en plus cette sensation du bien-être profond et indéfinissable que procurent la possession de soi-même, l'orgueil de se sentir un homme, le sentiment de la liberté, le bonheur de ne plus être une chose.

On avait travaillé ferme les derniers jours de Juillet. On avait pris à peine le temps de déjeuner d'une côtelette pannée et de pommes de terre frites sur un bout de table, dans un coin de l'atelier. La dernière nuit — la nuit de *charrette*, comme on l'appelle à l'École — tout en chantant, tout en poussant des charges aux nouveaux, tout en empêchant les voisins de dormir, on en avait abattu de la besogne, et le coup de collier suprême avait été donné avec autant d'élan que de gaîté.

Trois jours après, le jugement du concours était rendu. Sous le cadre grillagé, placé dans le vestibule des Beaux-Arts où j'étais entré avec un battement de cœur, j'avais aperçu, du premier coup d'œil, mon nom inscrit sur la liste des récompensés. Et je retournais au galop à la maison, plus fier que Napoléon après Austerlitz.

C'est si bon les premiers succès !

Le soir même, je finissais ma malle où ma mère avait déjà méthodiquement rangé mon maigre trousseau. Elle n'était ni jeune ni élégante, ma malle, avec ses deux poignées de fer rouillé et son dos recouvert d'une peau pelée qui la faisait ressembler à un gros chien malade. Mais que de bonnes émotions elle me rappelait et comme je l'aimais, malgré son air maussade et lamentable ! Je fourrais un Musset et un Balzac entre deux chemises, un album et une boîte d'aquarelle à côté d'une paire de bottines, un rouleau de musique dans un coin et je m'endormais, les yeux fixés sur cette vieille caisse vermoulue qui renfermait le bagage et les tendresses de mes dix-huit ans.

Le lendemain, malgré la visite d'adieu au « patron »; malgré la poignée de main aux camarades qui, eux aussi, allaient prendre leur volée ; malgré la *tournée* offerte — dans le petit café de la rue Bonaparte — à ceux qui avaient raté le concours ; malgré tout, la journée semblait interminable. Ce verbe : *partir*, qu'on avait conjugué à satiété depuis vingt-quatre heures — avec une ténacité de maniaque — finissait par amener le vertige et la fièvre. Je piétinais sur place et c'est avec un soupir de soulagement que je voyais le ciel s'empourprer des rayons du soleil couchant.

Le train filait à neuf heures et demie; le moment approchait enfin.

Le fiacre est en bas. On hisse la malle — la fameuse malle — ficelée comme un saucisson, afin de lui rendre la résistance qu'elle a perdue depuis longtemps. Le concierge, les lunettes relevées sur le front, est sorti de sa loge; le marchand de vin nous regarde, à travers les carreaux de sa boutique ; les aboiements du chien que nous avons laissé seul, là-haut, arrivent jusqu'à nous. Allons, en route : Gare Montparnasse, cocher, et rondement.

C'est alors qu'il fallait franchir le cap des tempêtes. Quelle est la joie humaine qui n'a pas sa tache d'ombre ? Avec un gros serrement de cœur je me séparais de ma mère qui m'accompagnait jusqu'à la salle d'attente. Nous nous embrassions, nous nous quittions, puis nous revenions sur nos pas pour nous embrasser encore.

Ces épanchements de famille n'amusaient guère l'employé qui nous priait de laisser le passage libre et de nous décider. Encore un adieu à celle qui était la grande passion de ma jeunesse timide et sauvage, et, cette fois, je me sauvais en courant, sans me retourner.

La banquette des troisièmes était dure, mais je n'y faisais pas attention. Tant de visions joyeuses dansaient dans ma tête que je me trouvais noyé dans un confortable asiatique — beaucoup mieux certainement que je ne suis maintenant dans un wagon de première classe.

Bercé par le ronronnement monotone du train, l'avenir passait devant mes yeux, comme les changements à vue d'une féerie éclairés par des feux de bengale roses — toujours et uniformément roses. Rêveur éveillé, je me voyais le héros des aventures les plus extraordinaires; gloire, amour, bonheur, tout y passait. Et je me sentais de force à soulever le monde.

La réalité a vite brûlé les ailes de ces libellules encore plus bêtes que brillantes. Mes illusions niaises d'alors me font l'effet de ces papillons au corselet d'or, qu'on fixe au mur le cœur troué par une épingle. Les plus tenaces s'accrochent à la vie et se

secouent dans des spasmes douloureux, impuissants et grotesques qui font rire les enfants.

Aux premières lueurs de l'aube, j'apercevais la petite gare de Châteauneuf qui se détachait, en ton clair, sur la verdure ouatée de brume.

Quelques instants après, l'omnibus qui faisait le service du chemin de fer m'emportait au trot cadencé d'un maigre cheval, couleur sirop de groseille, sur cette route aimée où les arbres semblaient me souhaiter la bienvenue, en se courbant d'une inclinaison, sous le souffle de la brise matinale.

La voiture traversait le pont avec un bruit féroce de ferraille, tournait à gauche, enfilait la rue montueuse et s'arrêtait en geignant devant la Tarancherie, chère et bonne maison où tout le monde — maîtresse et domestiques — massé à la porte, m'accueillait avec des oh ! et des ah ! de joie.

Cette large bâtisse blanche n'avait ni couleur, ni style. Mais elle avait un aspect bon enfant qui vous mettait de suite à l'aise. Avec ses ardoises luisantes, sa cloche rieuse, son perron carré, ses volets gris, ses jardins en terrasse, sa charmille de tilleuls, ses bosquets couverts de jasmin, ses roses pourprées, sa vue sur la Sarthe dont on suivait le cours gracieux jusqu'au village voisin, c'était une habitation bien bourgeoise, bien campagnarde, mais vraiment charmante et d'une saveur toute particulière, grâce à son manque de prétention et à sa bonhomie aimable.

Après un de ces déjeuners comme on en fait seulement en province, dans la salle à manger tendue de vieilles toiles peintes et sentant bon les fruits mûrs, après une longue causerie avec ma tante, — excellente femme qui me gâtait ainsi qu'une mère,

— je montais dans ma chambre d'où l'on dominait la campagne et je prenais possession de mes domaines, en plaçant sur la table un bouquet de fleurs arrachées à la hâte dans le jardin.

Et les vacances commençaient.

Je ferais sourire de pitié bien des gens en énumérant les *plaisirs* que je goûtais dans ce trou de campagne. Mais il est probable que les jouissances suprêmes de ces mêmes personnages m'horripileraient. Il y a donc compensation.

Les promenades à travers champs à l'aventure; l'arrêt dans les auberges où l'on buvait le vin d'Anjou — de la topaze liquide qui pétillait dans les gros verres; — les visites à la ferme, les jours de mesurée; les noces des métayers où l'on faisait sauter les filles sur l'herbe haute, au son du crin-crin des ménétriers; les lectures dans la bibliothèque fraîche et les volets bien clos, pendant que le soleil brûlait le sable ratissé des allées; les flâneries, après-dîner, au bord de la rivière; les excursions aux églises, aux châteaux, aux ruines des environs; les voyages à la découverte d'où l'on revenait avec les jambes cassées, une soif de Sahara et un appétit de Pantagruel; les aquarelles et les croquis enlevés de verve sous l'ombre violette des arbres; les rêvasseries du soir, accoudé à la fenêtre, les yeux perdus dans le vague

bleuâtre de la campagne, entouré de cet harmonieux et reposant silence des champs à peine rompu par le clapotement lointain de l'écluse et le beuglement de quelque vache laissée au vert, qui mugissait à la lune.

Et puis, dans le pays, je retrouvais tous les ans un jeune homme de mon âge — poète et artiste jusqu'au bout des ongles — qui avait sauté à pieds joints par-dessus ses cent mille livres de rentes pour m'offrir son amitié, à moi, pauvre diable qui n'avais que mes espérances inscrites au grand-livre.

Rarement nous nous quittions. Le médecin du village — un érudit — nous avait surnommés Nisus et Euryale.

Que d'éclats de rire, que de discussions passionnées, que de causeries intimes, que de paradoxes audacieux que de boutades inattendues, que de confidences mystérieuses, que de descriptions enthousiastes, que de folies, que de gaieté, que de jeunesse!

Mon ami qui grisonne est en grand deuil et ne rit plus. Ma pauvre tante dort, dans le cimetière de Châteauneuf, sous les roses sauvages et les herbes folles. La Tarancherie a passé à des étrangers qui ne l'habitent jamais; les volets sont fermés, le jardin est en friche, la mousse pousse sur les ardoises, la

cloche est fêlée : la maison blanche, elle aussi, ne sait plus rire.

Et mes vacances? — Hélas les pauvrettes sont mortes. *Miserere.*

GÉNIE CIVIL

GÉNIE CIVIL [1]

A M. et Mme Reinvillier

La soirée battait son plein rue Chaptal, dans cette hospitalière et charmante maison dont la mort a aujourd'hui muré la porte, et où se réunissait — les dimanches soir d'hiver — tout ce qui possède un nom connu dans les lettres et dans les arts.

La lourde portière en vieux velours de Gênes

---

[1] Pour éviter des malentendus regrettables et des froissements dont je serais désolé, je tiens à prévenir le lecteur que la nouvelle suivante ne vise en aucune façon les Grands Prix de Rome de l'année 1871, dont l'un est mis en scène par fantaisie pure. Pendant la campagne contre l'Allemagne, ces messieurs se sont, je le sais, conduits en hommes et en Français. M. Marqueste, entre autres, — le prix de sculpture — est un artiste dont le caractère est à la hauteur du talent; aucun rapprochement n'est possible entre lui et le triste héros de *Génie Civil*.

F. J.

fut relevée doucement; un nouveau venu pénétra dans le hall mauresque.

— Tiens, Tervier!
— Où donc?

— Mais en face de nous, la cravate blanche qui entre.

Je ne le reconnus pas tout d'abord

Au temps de la belle jeunesse, je l'avais rencontré quelquefois dans le quartier, à la crèmerie de Buci, aux cours de Taine et aux expositions des Concours aux Beaux-Arts, mais sa figure — banale comme un sou usé — ne m'avait pas frappé et, sans son nom qui était devenu célèbre, je l'aurais totalement oublié.

Menu, les épaules grêles, le cou court, les yeux glauques à fleur de tête, les cheveux rares et plats, la barbe, d'un châtain mal venu, estompant pauvrement des pommettes saillantes, le sculpteur Tervier, — peut-être à cause de son nez épaté et de ses grosses lèvres, — me procurait l'impression, irraisonnée mais obsédante, d'un nègre passé au blanc.

Je l'aurais volontiers appelé : *Vendredi;* ses camarades d'atelier l'avaient surnommé : *Le parfait notaire,* sobriquet mérité par une mise irréprochable, et, paraît-il — ce n'est pas moi qui parle — par des idées prodigieusement bourgeoises et poncives.

Un soir, au café de Fleurus, nous nous étions fortement empoignés au sujet de Delacroix. Dans le feu de la discussion, il m'avait déclaré qu'il trouvait d'ailleurs aussi ennuyeuse l'*Apothéose d'Homère* que la *Noce Juive,* et que le véritable chef-d'œuvre du Musée du Luxembourg était la *Dernière Charrette* de Muller.

A vingt ans, les admirations, les amours, les haines en Art, sont vivaces; on se battrait volontiers en duel pour Rembrandt, Mozart ou Musset.

L'aveu dénué d'artifice de mon interlocuteur

avait fait descendre au-dessous de zéro la sympathie déjà coupée d'eau que je ressentais pour lui.

Nous ne nous étions plus parlé ; nous échangions un coup de chapeau ou un : " Ça va bien "? en courant, et c'était tout.

Après la guerre, nous nous étions perdus de vue, noyés, chacun de notre côté, dans cette immense marmite éternellement en ébullition qu'on appelle Paris. Mais sans le voir, je l'avais suivi — comme le Petit Poucet avec des cailloux — à la piste de ses succès : Grand Prix de Rome, Première Médaille, Médaille d'honneur, décoration, commandes, toutes les chances étaient tombées sur lui avec une régularité de machine.

On ne comprenait pas grand'chose à cette avalanche de lauriers venant toujours couronner la même tête, mais on ne s'en étonnait pas outre mesure. La foule va d'instinct aux médiocres ; et puis elle aime à entendre prononcer les noms qu'elle connaît déjà, comme les habitués, au Café Concert, qui sont ravis de pouvoir reprendre, en chœur, le refrain de la chanson à la mode.

Très distingué, sous un habit d'une coupe irréprochable où le ruban de la Légion d'honneur accrochait sa note vibrante, le claque sous le bras, le sourire aux lèvres, distribuant des poignées de main à droite et à gauche, Tervier s'avançait à petits pas, sans nous effleurer de son regard vide.

Quand il arriva près de nous, Charpin—ce vaincu de la vie qui n'a jamais trouvé le temps de sculpter autre chose que des bustes officiels, parce que la famille était nombreuse et le pain dur à gagner, qui en est encore à sa mention, et qui professe une vénération profonde pour les hommes arrivés — Charpin se leva vivement et alla saluer ce soleil resplendissant.

— Toutes mes félicitations, monsieur Tervier, pour votre nouveau succès à l'Exposition de Batavia, soyez persuadé que.....

— Ah! bonjor, (*bonjour* n'était octroyé qu'aux gros bonnets), bonjor M'sieu Charpin. Trop aimable. Merci. Les bustes? Ça va toujours? Oui. Allons tant mieux, tant mieux.

Et sans attendre la réponse du vieil artiste courbé devant lui, timide et respectueux, le statuaire alla rejoindre un groupe où se trouvaient Falguières et Boulanger devant lesquels il s'inclina profondément en les appelant : « Chers maîtres. »

— En voilà un poseur! grommela entre ses dents Pille, à moitié couché près de moi, sur une avalanche de coussins turcs.

— D'autant plus qu'il n'y a pas de quoi, ajouta Gaussin, ce graveur dont l'esprit a contresigné le proverbe, car il est bossu comme Polichinelle.

— Est-ce qu'il y a un cadavre et sauriez-vous où il se trouve? dis-je en riant.

— Sous une casquette, mon cher. Vous l'ignoriez? Mais, comme Vert-Vert, vous ne savez donc rien de rien! Homme candide, vous m'affligez.

A ce moment, Massenet, assis au piano, attaquait l'air de Jean d'*Hérodiade*, qui allait se jouer à Bruxelles. Ce charmeur qui chante, avec un filet de voix voilée, de manière à désespérer le virtuose le plus accompli, produit invariablement dans un salon l'effet d'une pompe aspirante. A peine avait-il préludé que tous les assistants accouraient se grouper autour du musicien. En une minute nous nous trouvâmes seuls dans notre coin.

J'hésitai un intant entre *Hérodiade* et l'anecdote que je voyais poindre; la curiosité l'emporta.

— Citoyen Gaussin, vous avez la parole, racontez-nous ça.

— Volontiers, mais vous serez volés je vous en préviens, car ce n'est ni gai, ni intéressant — Pille, un peu de feu, mon vieux.

Et allumant une cigarette dont il regarda d'abord silencieusement s'envoler la fumée bleuâtre, Gaussin se renversa sur le divan et commença :

— A l'Ecole où il était entré en 1867, Tervier ne remporta pas de bien brillants succès. Mal doué, d'intelligence épaisse, organisé comme une paire de bottes, il lui manquait, avant tout, ce je ne sais quoi qui fait l'artiste. Il possédait toutefois deux vertus, plus nécessaires qu'on ne le suppose pour arriver, même dans les Arts : il était prodigieusement tenace et travailleur. Riche, il put avoir des modèles chez lui, et souvent, après la séance de l'atelier, prendre des heures supplémentaires, ce qui lui permit de pousser davantage ses figures. D'un autre côté, gratifié d'au moins quarante automnes en venant au monde, à vingt ans la sagesse d'un homme de soixante hivers résidait sous son crâne chauve, de sorte qu'il ne perdit jamais une de ces heures que nous gâchons si généreusement et si stupidement dans la danse folle de la jeunesse.

Ce travail opiniâtre et régulier comme celui d'un rond-de-cuir porta ses fruits. Le fort en thème fit des progrès et arriva à acquérir les qualités froides de son patron Jouffroy qui l'adorait. Ses esquisses étaient bêtes à faire pleurer la colonne Vendôme, mais ses figures, bien d'ensemble, correctement modelées, très ficelées, ne prêtaient le flanc à aucun critique d'exécution sérieuse. Malgré cela, en 1870, l'année où Cochard décrocha le second prix, il ne put monter en loges.

— Cochard ? Tiens, au fait, qu'est-il donc devenu celui-là ?

— Je vous en parlerai, laissez-moi achever Tervier.
— Lorsque la guerre éclata, les élèves des Beaux-Arts se dispersèrent comme une volée de moineaux effarouchés. On troqua la brosse, le burin, l'ébauchoir et le tire-ligne pour le chassepot ou le bancal,

et, sous la vareuse du moblot, la blouse du franc-tireur et la capote du lignard, chacun fit son devoir.

Par malheur, la bonne nature, *alma parens*, m'a généreusement gratifié... dans le dos — comme le couteau dont madame Collet fit don à Alphonse Karr après une polémique célèbre — d'un sac naturel qui m'interdit de porter celui de Godillot. Je ne voulais cependant pas rester, les pieds au feu, à culotter des pipes pendant que les camarades risquaient leur vie ou, tout au moins, un rhume de cerveau dans les tranchées. Paris investi, je demandai à être utilisé à quelque chose. On m'offrit d'entrer dans le Génie Civil; je ne savais pas ce que c'était, mais j'acceptai quand même, enchanté d'être enfin employé à la Défense Nationale — c'était le mot à la mode si vous vous en rappelez.

On me coiffa d'une casquette américaine de drap bleu sur laquelle, en arc de cercle et en lettres d'or, se trouvaient brodés ces mots: Génie Civil; on m'annonça que j'étais attaché à la commission chargée de préserver les chefs-d'œuvre du Louvre, et on me prévint que la prochaine séance aurait lieu, chez le conservateur du Musée, le surlendemain à une heure.

J'aurais cru livrer ma patrie à Bismark en arrivant seulement dix minutes en retard. A l'heure dite, militairement, j'entrai dans la salle de la commission où se trouvaient déjà deux membres de l'Institut septuagénaires, un manchot, deux jambes bois, un pauvre diable qui — je le sus depuis — était épileptique, et Tervier qui  avait un superbe aspect décoratif, grâce au manteau de fourrure dont il s'enveloppait frileusement.

On en est revenu, mais, pendant ce terrible siège qui nous grisait tous, on croyait que *c'était arrivé*, et, en termes un peu vifs, je l'avoue, je ne dissimulai pas au camarade ma surprise de rencontrer ses vingt-trois ans et sa belle santé sous la pacifique casquette du Génie Civil.

Il ricana, en s'étonnant qu'à mon âge je pusse encore couper dans ce vieux pont appelé le patriotisme ; il toussait un peu d'ailleurs et son médecin lui avait interdit le service actif.

Je tournai le dos à mon interlocuteur et, huit

jours après, j'entrai comme infirmier dans une des ambulances de la Presse.

Tervier, lui, resta bien entendu dans le Génie Civil.

Vous le savez, le directeur de l'École, M. Guillaume, laissa ouverts les ateliers et continua les Concours aux Beaux-Arts pendant l'investissement, pour prouver qu'il y a en France une flamme que les obus ne peuvent éteindre. Tervier, que les travaux de la commission « chargée de préserver les chefs-d'œuvre du Louvre », n'accaparaient pas beaucoup, Tervier continua tranquillement ses études, sans manquer un jour la séance, dans cet atelier, à l'aspect d'hôpital, où ne se trouvaient plus qu'un phtisique, un pied-bot et un bombé comme moi, et où le modèle arrivait en pantalon de garde national et le fusil sur l'épaule.

La guerre finie, Cochard n'étant plus là...

— Pourquoi donc?

— Oh! un naïf celui-là. Engagé dans les chasseurs après Wissembourg, le brave garçon était rentré avec Vinoy dans Paris. A Montretout, il avait eu le bras droit emporté par un éclat d'obus. Aucun concurrent sérieux d'ailleurs, lors du concours des loges, parmi ces jeunes gens qui n'avaient touché ni un crayon, ni un ébauchoir depuis un an. Aussi, malgré une composition ridicule et prud'hommesque, Tervier remporta-t-il le Grand prix.

Il revint de Rome, chargé de documents et même de moulages pris sur quelques beaux types vivants de Naples et de Florence. Le plâtre de son dernier envoi, qu'on accusa à voix basse d'être composé d'éléments hétérogènes, assemblage étrange de morceaux antiques pris à droite et à gauche, reçut cependant une première médaille au Salon. Deux ans plus tard, le bronze de ce même envoi, coulé à grands frais à la cire perdue, obtint la médaille d'honneur, et, le 14 juillet suivant, Tervier fut décoré.

C'était aller un peu vite, mais il faut vous dire qu'en déposant la casquette américaine, notre sculpteur n'avait pas laissé de côté pour cela le Génie Civil. Instruit, bien élevé, adroit, insinuant, il avait noué avec Dorian et Jules Ferry, avec d'autres personnalités importantes du gouvernement, avec des membres de l'Institut rencontrés dans les Commissions, des relations dont il eut soin de ne pas rompre les chaînons, après la signature du traité de paix.

Sa fortune qui lui permit de donner d'agréables dîners auxquels il invita des journalistes, des hommes politiques, des artistes influents; son intérieur luxueux; son attitude habile de champion déterminé du grand Art, aidèrent aussi d'une manière sensible à ses succès.

Bref, depuis cinq ans, les commandes officielles pleuvent chez lui. L'État l'a dernièrement chargé de la décoration du pavillon français à l'Exposition universelle de Batavia où le diplôme d'honneur a été décerné; il ne sait où accrocher ses décorations étrangères; il a ouvert un atelier où quarante élèves sont inscrits ; il aura la rosette au mois de janvier et, à la prochaine vacance, il sera membre de l'Institut.

— Et sans la casquette aux lettres d'or, il ne serait peut-être aujourd'hui qu'un Charpin, interrompit Pille, en désignant d'un signe le vieux statuaire qui s'était assoupi derrière une crédence Renaissance.

— Oui, voilà Tervier célèbre, voilà ce Garnotelle de l'ébauchoir qui a rembourré ses matelas avec des feuilles de laurier, et Cochard dont le talent fougueux rappelle celui de Dalou et de Rodin, Cochard crève dans quelque coin de chagrin et de misère.

— Comment?

— La science moderne n'a pas encore trouvé le moyen de sculpter sans bras; d'un autre côté, le pauvre diable, ne possédait pas les dispositions spéciales de Ducornet qui peignait avec ses pieds. Sans argent, sans ressources, sans relations, Cochard est venu me prier de lui trouver une situation. Malheureusement j'ai lâché trop tôt le Génie Civil, et j'ai peu d'amis influents. J'ai essayé d'obtenir, pour mon ancien camarade, une place de conservateur-adjoint dans un musée de province quelconque, on m'a ri au nez et on m'a mis à la porte avec des formes. Ah! si j'avais connu un conseiller municipal ou même un sénateur! Mais non, personne. Cependant, grâce à l'appui de M. Guillaume qui est le meilleur des hommes, et qui s'est beaucoup remué, le Gouvernement a généreusement accordé à l'amputé de Montretout, la place d'un des garçons chargés de l'entretien des calorifères, au ministère des Finances.

C'était la vie matérielle assurée et la certitude de ne pas mourir de faim. Cochard accepta.

Mais au bout d'un an, écœuré d'une pareille existence, atteint de la nostalgie de la terre glaise, il planta tout là et entra chez Hamel le sculpteur ornemaniste qui, par charité, lui fait faire quelques réparages dont il se tire tant bien que mal, avec sa main gauche.

Le plus triste, c'est que le malheureux qui était artiste jusqu'aux moelles, n'a pu voir s'envoler ses rêves sans en avoir le cœur broyé. Ah! dame, la chute a été aussi rude qu'inattendue; il a cherché à s'étourdir et — ceci entre nous — il s'est mis à boire. Il y a trois mois, je l'ai rencontré tellement gris que pour lui et le ruban de la médaille militaire qu'il porte, la honte m'a pris et j'ai fait un détour afin qu'il ne me voye pas.

— Au fait, elle m'a donné soif ton histoire, Gaussin; allons donc prendre quelque chose.

— Un verre de punch, hein?

— Que nous boirons à la santé de Tervier, du grand Art et du patriotisme.

— Et à la première médaille qui t'attend, ma vieille branche, acheva Pille en se levant.

LA COLLECTION DE TIMBRES-POSTE

LA COLLECTION DE TIMBRES-POSTE

A Madame Alphonse Daudet

Jacques rentra chez lui en courant.

Au collège il s'était raidi, se mordant les lèvres pour ne pas pleurer devant ses camarades. Mais, seul avec sa mère, son chagrin creva comme une nuée d'orage.

— Oh! maman, maman, si tu savais! sanglota-t-il.

Madame Charpin prit son fils sur ses genoux. D'un geste d'enveloppante tendresse, elle l'enlaça de ses bras; appuyant sa joue contre la chevelure frisée de l'enfant, elle se mit à le bercer d'une oscillation lente et molle, comme elle aurait fait pour un bébé.

— Qu'as-tu, chéri, que t'a-t-on fait?

Suffoqué par les larmes, le petit garçon ne répondait rien.

— As-tu eu des ennuis avec tes camarades?... As-tu été grondé par ton professeur?... As-tu été puni ? Voyons, parle-moi mignon, tu sais bien que je ne t'adresserai pas de reproches.

— C'est... c'est le Censeur qui... m'a fait appeler et qui m'a prévenu... que je serais renvoyé dans... dans huit jours, si le trimestre en retard... n'était pas payé.

Madame Charpin devint un peu pâle. Elle se laissa aller contre le dossier de sa chaise, dans un abandon lassé et découragé. Machinalement et sans regard, ses yeux fatigués parcoururent la chambre si triste dans sa propreté râpée. Elle resta ainsi quelque temps, silencieuse et absorbée, sans révolte, comme tous ceux que les misères de la vie ont blasé et qu'un malheur n'étonne jamais beaucoup.

Sortant enfin de sa rêverie, elle essuya les pleurs de l'enfant et murmura à son oreille:

— Ne te désole pas ainsi. Je vais écrire au Censeur pour le prier d'attendre encore quelques jours.

Un instant calmé, en entendant ces paroles Jacques retomba dans sa crise de désespoir.

— Non, c'est inutile. Il..... a dit qu'il avait déjà reçu... trois lettres de toi.... et que.... et que c'était fini, il n'accorderait plus de délai.

— Eh ! bien, écoute-moi et ne pleure plus, car tu me fais trop de peine. Tu es très raisonnable, Jacques, tu vas me comprendre. Il y a huit jours, j'ai rendu mes cachets à Madame Dreyfus, mais elle ne m'a pas encore payée.

— Pourquoi ne demandes-tu pas ?

— Dans la crainte de mécontenter. C'est ma meilleure leçon, il faut la ménager. La semaine prochaine je ne vais pas chez madame Dreyfus, à cause du Mardi-Gras. De ce côté, il ne faut donc pas espérer une rentrée avant dix ou quinze jours. J'ai mis ma robe de soie noire en gage pour payer le loyer, et le boucher refuse le crédit. Nous ne lui devons pas grand'chose, mais nous ne sommes pas riches et l'on n'a pas confiance en nous.

Le petit garçon, écoutait, sérieux. Il hocha la tête d'un air entendu.

— Je ne veux cependant à aucun prix que tu sois humilié, continua la mère. Si, cette semaine, je ne reçois rien de mes élèves, je vendrai le piano et je réglerai ton trimestre.

La mère et le fils s'embrassèrent longuement.

— Que tu es bonne, maman ! Quand tu auras de l'argent, tu iras retirer ta robe du Mont-de-Piété, n'est-ce-pas ?

— Oui, pauvre cher. — Maintenant viens faire tes gammes.

*
**

C'était un vaillant que Jacques Charpin ; une volonté énergique et un cœur passionné sous une enveloppe délicate et frêle.

A onze ans, il avait la raison d'un homme. Ayant constamment devant lui le visage mélancolique de sa mère qui ne l'avait jamais quitté, il avait aperçu la vie à travers un brouillard gris, croyant naïvement que l'ordre des choses exigeât qu'on fût triste. A la fois fier et timide, il fuyait le contact des enfants pauvres dont les manières communes le blessaient instinctivement, et, d'un autre côté, il évitait les relations avec des camarades plus riches, pour supprimer des froissements dont sa modeste situation pouvait être la cause.

Le spectacle d'une lutte quotidienne avec l'existence, la vue d'inquiétudes misérables, le récit de désillusions, de souffrances, d'humiliations sans nombre que sa mère lui faisait, même très petit, tout cela avait muri son intelligence et apporté à son raisonnement une gravité précoce et exceptionnelle.

Ne ressentant aucun des goûts de son âge, il avait en horreur le bruit, les cris, les jeux violents. Son bonheur était de colorier des images, de soigner des fleurs phthisiques qui languissaient dans une caisse remplie de terre, et surtout de lire des voyages et des contes qui l'arrachaient aux tristesses plates de son intérieur pour le jeter en plein rêve, dans les extases lumineuses de mondes inconnus.

Jacques se réveillait de bonne heure. Il prenait son livre, placé sous l'oreiller, et apprenait sa leçon, sans que jamais sa mère ait besoin de l'engager à travailler. Avant de partir au lycée, il faisait les commissions du ménage ; sans flâner, sans jamais parler à personne, il courait du crémier à l'épicier, de l'épicier au boulanger, et se dépêchait de revenir assez à temps pour aider madame Charpin à épousseter les meubles. On le connaissait dans le quartier ; ses manières distinguées, froides, réservées, presque hautaines l'avaient fait surnommer « Le petit marquis » par les marchands.

Le soir du jour où il avait été convenu que le piano serait vendu, l'enfant s'endormit tard.

Pelotonné sous ses draps, les yeux demi-clos, il songea longuement. Quarante-cinq francs d'un coup, c'était une grosse somme. — Il connaissait bien la valeur de l'argent lui qui n'achetait qu'au quart le beurre, le sucre, le chocolat, tout par petites fractions — Où trouver quarante-cinq francs ? — On vendrait le piano. — Vendre le piano, était-ce possible ? — Ce matin l'idée lui paraissait fort simple, excellente. Cette vente arrangeait tout en effet, elle supprimait bien des difficultés et bien des angoisses. — Oui, ce matin ; mais, maintenant, en y réfléchissant, il ne comprenait pas qu'il eût pu, un instant, accepter la pensée de se séparer du pauvre instrument. — Il n'était cependant pas beau ; avec son palissandre terni, ses touches jaunies, ses bougeoirs dédorés, son pupitre cassé, il faisait minable figure. Mais quel bon et excellent ami ! Que de souvenirs, enfermés dans la caisse épaufrée, secouaient le couvercle pour sortir en foule !

Jacques se rappelait ses étonnements, ses terreurs religieuses lorsque, tout petit, la planche du bas ayant été enlevée par l'accordeur, il s'était sournoisement agrippé aux cordes ; ces vibrations de harpe, sortant de cette boîte mystérieuse, l'avaient remué jusqu'aux moelles. Aussi loin que sa mémoire retournait en arrière, il voyait le piano étroitement uni à ses moindres impressions. Les sons les accompagnaient, les complétaient, les expliquaient, les animaient même. Telle étude lui apportait la sensation d'une maladie grave, avec ses insomnies fiévreuses ; telle gamme, au contraire, lui rappelait une convalescence et son frais bien-être ; tel morceau, un succès au Lycée ; tel exercice, un livre préféré ; telle mélodie, un jour heureux ; tel motif, un déception ou une peine. Et la musique chantait dans sa tête de rêveur, évoquant les heures ensoleillées ou sombres, notant les évolutions cérébrales de ce nerveux affiné, lui racontant son court passé dans une sorte de pot-pourri étrange dont il ne cherchait ni ne comprenait la liaison.

Ce piano n'était-il pas le consolateur suprême de sa mère ? Il avait souvent vu ses traits angoissés se détendre et se rasséréner, dès que les doigts avaient effleuré le clavier. Et c'est lui, lui ce compagnon fidèle et sûr, c'est lui qu'on allait jeter dehors ? — Non décidément, on ne pouvait le chasser ainsi — Et le trimestre ? — Eh ! bien... eh ! bien, on le paierait tout de même, — mais comment ?

Les yeux fermés, la respiration égale, Jacques ne réfléchissait plus; cette fois il dormait à poings fermés.

Le sommeil avait-il été plus fort que sa volonté ou l'enfant, à force de se creuser la cervelle, avait-il trouvé le moyen de dénouer l'implacable nœud gordien ? *That is the question.* En tout cas, sur son visage résolu, on voyait s'épanouir un je ne sais quoi qui ressemblait à un sourire de triomphe.

.·.

Le surlendemain, Madame Charpin sortit à deux heures, comme d'habitude, pour ses leçons.

C'était le lundi gras, on avait congé, et Jacques resta à la maison, plongé dans la lecture des *Mille et une nuits.*

A peine la porte était-elle refermée que le petit collégien, l'oreille tendue, jeta son livre. Il prit, dans l'armoire, sa belle blouse de cachemire, taillée dans une robe de sa mère, mit sa ceinture de cuir vernis, chaussa ses souliers du dimanche, et courut ouvrir son pupitre.

Elle était là la collection de timbres-poste, à la place d'honneur, au milieu des livres rangés méthodiquement. Oh ! cette collection, elle était sa joie et son orgueil. Toutes ses économies, tous les cadeaux qu'il recevait, toute sa fortune en un mot avaient servi à grossir son régiment de timbres, régiment collé et étiqueté avec amour sur un cahier confectionné par lui, et Dieu sait avec quel soin et quel art ! Un ancien ami de sa mère, employé dans une importante maison de commission, avait quintuplé la valeur de cette réunion, déjà brillante, en y ajoutant des sujets rarissimes — en excellent état — que ne possédait aucun de ses condisciples.

Aussi lorsque, par hasard, il apportait au collège sa légendaire collection, il fallait entendre les murmures d'admiration et de convoitise qu'elle soulevait autour d'elle. A la sortie de la classe, sur le trottoir, les camarades faisaient cercle ; Moïse, tenant, dans ses mains, les Tables de la Loi, ne devait pas être plus fier que le jeune collectionneur en portant son précieux cahier.

Le cœur de Jacques battait très fort pendant qu'il regardait lentement, feuille par feuille, sa chère collection. Un instant, il s'arrêta, ses yeux se reportèrent sur le piano qui lui parla peut-être, dans ce langage éloquent et muet qu'ont les choses. Il se dirigea vers lui, leva le couvercle, joua par cœur une étude en *mineur* de Bertini, étude dont la sentimentalité enfantine l'émotionnait délicieusement. La dernière note s'éteignit tristement dans le silence de la chambre. — Allons! — D'un geste rapide et passionné, l'enfant embrassa les touches, se leva, glissa sous son bras sa collection de timbres-poste et partit.

.·.

— M. de la Martinière, s'il vous plaît ?
— Au premier, au-dessus de l'entresol.

Jacques gravit sans hâte les marches en pierre d'un escalier imposant dont la solennité vide le glaça. Sa résolution, si ferme l'instant d'avant, chancelait indécise. Arrivé devant une haute porte en acajou, le petit garçon hésitait, n'osant toucher à la sonnette en bronze doré, lorsqu'un vantail s'ouvrit et il se trouva nez à nez avec un domestique en cravate blanche qui le toisa dédaigneusement.

— Je voudrais parler à M. Henri de la Martinière, balbutia-t-il.

— Ah ! — Vous ne vous trompez pas?

— Mais non, je...

— C'est bien. — Et le larbin inventoria la pauvre mise de l'enfant avec plus d'étonnement encore que de mépris. — Suivez-moi, je vais vous conduire.

Jacques traversa une vaste pièce, se sentit poussé, et, brusquement, se trouva dans un salon luxueux blanc et or, aux tentures cramoisies qui flambaient sous la lumière aveuglante des lustres. Aux sons d'un orchestre placé dans une serre, une quarantaine d'enfants déroulaient les anneaux d'une farandole endiablée, criant, riant, sautant, se poussant et se bousculant.

Aveuglé par l'éclat inattendu des bougies, suffoqué par la chaleur, ahuri par un spectacle auquel il ne pouvait s'attendre, le nouveau venu resta immobile, bouche béante, se demandant s'il ne rêvait pas et s'il ne continuait pas la lecture — interrompue une heure auparavant — des aventures d'Aladin.

Une dame, luxueusement vêtue, très majestueuse, dans une robe à longue traîne, le tira de sa stupeur en lui touchant l'épaule.

— Que voulez-vous ? lui dit-elle sèchement.

Jacques aurait souhaité que le parquet s'entr'ouvrît sous ses pieds. Sa gorge sèche et contractée ne laissa pas passer une parole. Il leva des yeux hagards sur son interlocutrice et continua à tortiller sa casquette dans ses mains trempées de sueur, sans ouvrir la bouche.

— Mais répondez donc, que venez-vous faire ici ? insista la dame avec impatience.

Comme dans un cauchemar, il fit un effort suprême et murmura d'une voix rauque :

— Je suis Charpin, le camarade de la Martinière, Charpin, son camarade du lycée Henri IV. — Est-ce qu'il n'est pas là, Madame, de la Martinière ?

En ce moment, rompue dans une bousculade finale, la farandole s'éparpillait aux quatre coins du salon au milieu de rires fous. Un élégant marquis Louis XV, ayant au bras une Carmen en miniature s'approcha du groupe. Malgré le déguisement, Jacques reconnut son condisciple sous la perruque poudrée ; il courut à lui les mains tendues, se raccrochant en désespéré au seul être qu'il connût là.

— Ah ! de la Martinière, bonjour ; je te cherche. Ta mère ne sait pas qui je suis et...

— Tiens, Charpin ! répondit le petit marquis en s'épongeant le front, sans remarquer le geste amical de son camarade. Qu'est-ce que tu viens faire ici ?

— Tu m'avais autrefois supplié de te céder ma collection de timbres-poste, tu sais bien ? ma belle collection. Tu m'avais dit que cela te ferait bien plaisir et que tu me l'achèterais cent francs. J'avais refusé, mais comme j'ai aujourd'hui changé d'avis, je te l'offre, pensant t'être agréable.

La dame à la traîne s'était rapprochée.

— Comment, Henri, dit-elle à son fils vous auriez osé dépenser une pareille somme sans m'en demander la permission ?

— Ne le croyez pas, maman, c'est un menteur.

— Oh ! madame, je vous promets...

— En voilà assez, vous pouvez vous retirer. Je ne permets pas à mon fils d'acheter un objet dont j'ignore, en somme, la provenance.

— Est-ce que je sais où il l'a prise, moi, sa collection, grommela Henri de mauvaise humeur, ravi de venger sur Charpin un peu de sa rancune de *cancre* contre un *fort*.

— Jean, reconduisez ce petit garçon, interrompit madame de la Martinière. — Ah ! ma chère, ajouta-t-elle en s'adressant à une amie attirée par cet incident, voilà le désagrément des lycées ; nos fils y trouvent de fâcheux contacts et de tristes camarades !

．·．

L'air frais de la rue rendit son sang-froid à Jacques. La figure violette, mais les yeux secs, il réfléchit un moment. Puis, d'un pas décidé, il se remit en marche.

Arrivé rue Descartes, il tourna le bec de cane de la porte du père Moch. La boutique du vieux Juif où l'on trouvait de tout, — aussi bien des plumes que du cervelas, et des sucres-d'orge que des *Selectæ* d'occasion — servait de magasins généraux aux externes du lycée Henri IV.

Le marchand, souriant, alla au-devant du collégien.

— Qu'est-ce qu'il fous faut, mon betit ami ?

— Je désirerais vendre ceci. Voulez-vous l'acheter ?

— Foyons foir.

Moch examina soigneusement la collection.

— Foui, foui ; je ne dis pas, il y a quelques ponnes bièces, par ci par là ; mais il y a aussi pien du frétin.

— Que m'en donnez-vous ?

— Et fous, qu'en foulez-fous ?

— Cent francs.

— Hé! hé, il n'est bas pête, le betit, mais il est trop gurmand. Gardez-la fotre collection nous ne ferons pas affaire ensemble.

— Mais votre prix à vous, monsieur Noch ?

— Mon prix ? Cinquante francs et pour fous encore, parce que fous êtes une client et une chantil betit homme.

— Allons, prenez; mais donnez-moi dix sous de plus, j'y tiens absolument.

— Fous faites de moi tout ce que fous foulez. Tenez, voilà fotre argent, carnement.

L'enfant serra soigneusement son trésor au fond de sa poche. Il conserva seulement — serrés dans sa main — les cinquante centimes obtenus du Juif comme supplément. Oubli ou peut-être énergie, il s'en alla sans jeter un regard d'adieu sur sa collection. En route, il s'arrêta juste le temps d'échanger contre un bouquet de violettes, la piécette blanche qu'il avait réservée pour cela.

Lorsqu'il rentra, il trouva sa mère bouleversée.

— D'où viens-tu, malheureux enfant, lui cria-t-elle affolée, je meurs d'inquiétude?

— De vendre ma collection de timbres-poste. Nous sommes riches, très riches, et on ne me menacera plus de me renvoyer. Voilà pour le lycée — dit-il en faisant sauter dans sa main les pièces d'or, — et voilà pour toi, maman — ajouta-t-il en jetant le bouquet de violettes sur les genoux de madame Charpin et en lui sautant au cou.

* * *

Et le vieux piano ne fut pas vendu.

JULES VALLÈS IGNORÉ

JULES VALLÈS IGNORÉ

A la mémoire de mon malheureux et bien-aimé frère, au penseur inconnu, à l'artiste méconnu, au martyr de la vie.

Les pluies d'hiver ont détrempé les couronnes d'immortelles rouges déposées sur la tombe de Jules Vallès. Chaque printemps, le soleil d'avril décolore ces fleurs qui, de loin, ont l'aspect d'une bouillie sanglante, et la sereine nature commence ainsi — pour celui qui se fourvoya si follement dans la politique — l'œuvre d'oubli, d'apaisement et de pardon que le temps continuera et achèvera, je l'espère.

Maintenant que la lugubre mascarade des funérailles est oubliée, maintenant que le dernier écho de cette descente macabre de la Courtille s'est éteint, maintenant que les imbéciles, les malins et les naïfs laissent en paix ce pauvre cadavre dont on s'est servi comme d'un drapeau, je voudrais présenter, sous un jour réel, l'homme que

j'ai connu dans son intimité sincère et que j'ai profondément affectionné. Amis et ennemis ont barbouillé à plaisir la figure que Vallès lui-même a presque constamment rendue méconnaissable en se maquillant, de sorte que, pour le public, la véritable physionomie de l'auteur de l'*Insurgé* est aussi inconnue que celle du clown fardé de blanc, balafré de rouge et coiffé de la perruque bleue qui cabriole dans l'arène du cirque.

.·.

J'étonnerai bien des gens en affirmant que ce buveur de sang qui dévorait, matin et soir, un prêtre, un sergent de ville et un bourgeois en sandwich, était doux, obligeant, affectueux et dévoué, et que c'était certainement une des natures les plus élevées que l'on puisse rencontrer sur sa route.

J'avais neuf ans lorsque Vallès fut chargé de m'apprendre à « déguster la moelle des lions », comme on dit dans l'Université. A cette époque de ma vie, « la moelle des lions » était modestement représentée par le *De Viris*, auquel je mordais sans enthousiasme. Le vol des mouches et la course des nuages dans le ciel avaient plus d'intérêt pour moi que la vie de braves gens très romains et très illustres que je n'avais pas le plaisir de connaître personnellement.

Je me rappelle les leçons de Vallès — leçons payées vingt-cinq sous, dans les prix forts — avec la netteté et la fraîcheur que laissent les souvenirs de l'enfance.

Nous habitions, — rue des fossés-Saint-Victor, — une maison moitié ferme, moitié caravansérail bourgeois, attenante à un jardin fleuriste où chaque locataire possédait quelques mètres de terre et de verdure. Notre *concession*, perdue au fond de la propriété, était agrémentée d'une baraque que nous appelions la cabane et qui disparaissait sous les lilas, les lierres, les glycines et les églantiers. Vallès l'adorait, cette masure, et il fit sur elle une exquise pièce de vers qui, je crois, n'a jamais été imprimée.

C'est là, l'été, que la lutte s'engageait entre Lhomond et moi, sous l'œil amical du futur membre de la Commune. Se promenant de long en large dans la petite pièce, il me dévoilait, de sa voix tonnante, les mystères du *que retranché*, pendant que je regardais mélancoliquement les oiseaux jouer dans les arbres et que j'écoutais le bruit lointain de la pompe alimentant les arrosoirs du jardinier.

A six heures, encre, livres, cahiers étaient enlevés de la table, et la salle d'étude se transformait en salle à manger. Sans se faire prier, mon professeur acceptait souvent de partager notre dîner, payant son écot avec son esprit, sa verve, sa gaieté; lorsque nous avions fini, il aidait ma mère à ôter le couvert et à donner un coup de balai. Et cela si bonnement, si gentiment!

Comme dans le monde, le soir on passait au salon qui était remplacé par un superbe bosquet dont les gros arbres, aux troncs noueux, aux branches touffues, élevaient, entre nous et les voisins, une verte muraille aux senteurs parfumées. Attirés par un accueil bienveillant, par l'isolement de ce coin de Paris qui ressemblait à une province, par la fraîcheur de notre jardin dont la tranquillité endormie donnait l'illusion de la campagne, deux ou trois amis de Vallès poussaient quelquefois la porte treillagée de notre enclos. C'était Fontan, si petit que le veston prêté par un camarade lui battait les talons; c'était Cressot, long et maigre comme un personnage d'Hoffmann, en habit noir — mais quel habit noir! — et en pantalon de toile; c'était Tertrou, le nabab de la bande, qui cumulait les fonctions de professeur de boxe et de maître d'anglais à Chaptal, très correct dans sa redingote et son col droit (1).

On causait art, littérature, journalisme. Vallès récitait l'*Habit vert* ou la traduction du *Rêve*, de Jean-Paul. Cressot, secoué par son tic nerveux et reniflant l'horizon, psalmodiait le *Rouet* ou les *Voix de la forêt*. Tertrou déclamait du Shakespeare, du Byron ou du Milton. Fontan, debout sur les pointes pour se grandir, attaquait son *Ode à Satan*

(1) Avec son burin de maître, Vallès a tracé, de ces trois bohèmes, dans les *Réfractaires*, des portraits étincelants d'humour et d'originalité.

ode qui parut dans le *Sans-le-sou*, journal autographié qui eut cinq numéros, et dans lequel se trouvaient ces vers stupéfiants :

> . . . . Satan,
> Pour s'amuser un peu,
> Donne un concert
> Dont le vacarme
> A bien son charme
> Dans un enfer.

Lorsqu'un orage nous chassait du jardin, ma mère ou Bouchard, — pianiste d'un admirable talent et étudiant en droit à ses heures, mort de misère dans quelque trou, s'il n'est Président de cour, dans une province quelconque, — jouaient du Beethoven, du Mozart, du Glück. Quant aux rafraîchissements, ils étaient remplacés par une conversation vive et animée et par des paradoxes à faire crouler le dôme de l'Institut.

Ces soirs-là, je poussais des cris de chat égorgé lorsqu'il était question d'aller me coucher. Invariablement, Vallès prenait mon parti et, pelotonné dans un fauteuil, je m'endormais, bercé par la cadence des vers; confondant le rêve avec la réalité, je revoyais s'agiter, dans mon sommeil d'enfant maladif les récitants intimement liés avec les personnages évoqués dans les pièces que je venais d'entendre.

Certes, ces heures passées dans notre intérieur monotone et triste prouvent que le farouche bohème qui, entre parenthèse, ne fumait pas et ne buvait que de l'eau rougie, ne professait pas un culte exclusif pour les brasseries et « les folles orgies ».

L'intimité grandit entre nous, et le petit répétiteur à vingt-cinq sous devint bientôt l'ami de la maison.

Pour distraire mon frère aîné entré récemment à Sainte-Barbe, mon frère dont la nature indépendante d'artiste ne pouvait se faire à cette prison universitaire, à ses cuistres, à ses cours humides, à ses murs badigeonnés en rose — en rose, oh! dérision! — Vallès allait visiter le prisonnier une fois par jour. Il lui apportait des oranges, des gâteaux, des raisins secs qu'il achetait, j'en suis certain, avec l'argent de son déjeuner ou de son dîner et, par ses lazzis, ses charges sur les pions, son rire sonore et sa grosse gaieté, plus factice que réelle cependant, il parvint à calmer ce cœur blessé d'oiseau en cage.

Un jour — ce fut un coup d'État — mon ami, comme je l'appelais gravement, obtint l'autorisation de m'emmener à la foire au pain d'épice.

Entre la foire au pain d'épice et le paradis terrestre, je ne mettais pas la plus légère nuance, et jamais mes rêves d'enfant gâté n'avaient été au delà dans le merveilleux. Aussi, cette après-midi resta-t-elle gravée dans ma mémoire, comme une des dates importantes de ma vie.

Vallès commençait déjà à nouer des relations amicales avec les veaux à deux têtes, les hommes squelettes et les moutons à cinq pattes, de sorte que toutes les baraques lui étaient ouvertes et qu'il m'offrit une orgie de saltimbanques, depuis la femme-torpille jusqu'au cirque Boutor. Avec une bonté et une patience bien rares chez un jeune homme, il se prêta à tous mes caprices et ne s'avoua vaincu qu'à la tombée de la nuit : il fallait penser au retour.

Or le retour, si simple pour bien des gens, devient un problème à peu près insoluble lorsqu'on est flanqué d'un gamin chétif et malingre qui demeure au Panthéon, tandis qu'on se trouve à la place du Trône et lorsqu'on n'a pas de quoi prendre une voiture. Car, je l'ai compris depuis, le brave garçon, ne sachant pas résister à mes demandes incessantes, m'avait acheté toute l'armée française en pain d'épice et avait consommé sa ruine par l'acquisition d'une pêche en sucre que je tenais étroitement serrée sur ma poitrine.

Quel parti prendre? — Revenir à pied? Je serais tombé de fatigue avant d'atteindre la Bastille. Faire payer le fiacre par ma mère, en arrivant? — C'eût été avouer la gêne, et tenter un emprunt déguisé. Il n'hésita pas longtemps; d'un tour de main, il me campa sur son dos et il traversa ainsi gravement

Paris, se reposant de temps en temps sur les bancs et me priant seulement de tenir son chapeau dans

lequel je me décidai à placer ma pêche qui me gênait énormément et qui commençait à fondre avec persistance.

Le rédacteur en chef du *Cri du Peuple* eût peut-être été contrarié d'entendre raconter cet épisode oublié de sa jeunesse, mais je trouve si touchant dans sa simplicité ce souvenir, gardé vivant au fond de mon cœur, que j'ai tenu à déposer sur la tombe du pauvre mort la fleur modeste dont le temps n'a pu faner la fraîcheur ni dissiper le parfum.

***

Sous des dehors brusques, presque brutaux, Vallès cachait une exquise délicatesse et se montrait sensible aux plus légères preuves d'intérêt. Il fut toujours reconnaissant de la place amicale qui lui avait été réservée à notre foyer, lui qui n'avait trouvé dans sa famille que sécheresse, âcreté et malveillance.

Dans de vieux papiers, j'ai retrouvé une lettre qu'il écrivit à ma mère et je vais en citer quelques phrases afin de montrer qu'il n'oubliait pas les services rendus :

Chère Madame,

Je suis décidément l'homme le plus occupé de Paris. A peine j'ai fini de perdre mon temps, je recommence mes opérations, et je dépense ma vie à ne rien faire.

Je devais aller chez vous aujourd'hui et j'aurais eu l'honneur de vous présenter M. P... un de mes amis que je voudrais encore vous mettre sur les bras. Pas du tout : j'ai eu pour deux jours à arranger une affaire ; il ne s'agit ni de duel, ni de traite, je ne sais pas trop de quoi il s'agit. Mais mardi, mardi sans faute j'irai vous voir. Il faudrait que, d'ici là, vous soyez encore la Providence, un nom que je vais vous donner décidément. . . . .
. . . .

Et maintenant, comment dire cela ? Ai-je été assez indélicat ? Mais vous avez tant d'esprit et le cœur si bien placé — mieux que l'argent, bien sûr ! — Vous me pardonnerez, et je ne serai toujours qu'un grand fou . . . . .
. . . .

Je viens de parler incidemment de la famille de Vallès : quoique le sujet soit extrêmement délicat, je tiens à répondre, en quelques mots, aux attaques violentes qu'a soulevées la façon dont Jacques Vingtras met en scène son père et sa mère, dans L'*Enfant* et dans le *Bachelier*.

Si je faisais ici de la polémique littéraire, je dirais qu'il serait équitable de juger une œuvre d'art quelconque d'après le tempérament de l'auteur et non d'après la nature du lecteur. Rester au même point de vue pour comprendre le temple de Pœstum et la Sainte-Chapelle, Ingres et Delacroix, Racine et Shakespeare, Bach et Berlioz, c'est fatalement écraser un art au profit de l'autre, ce n'est incontestablement pas faire œuvre de critique éclairée et honnête. Vallès voyant gros, pensant gros — comme il parlait, — il y a, dans sa production cérébrale, un agrandissement d'optique mentale dont il serait indispensable de tenir compte pour porter un jugement à peu près juste sur le caractère de l'écrivain Mais je n'ai pas ici à m'occuper du littérateur, et l'homme seul m'aidera à prouver qu'il n'était pas ce grand coupable si sévèrement condamné, et qu'au reste, s'il l'eût été, il aurait terriblement de circonstances atténuantes à son actif.

Avec sa rage « d'épater le bourgeois », de piétiner sur les idées reçues, de cravacher les préjugés, Vallès qui disait que « Victor Hugo était l'homme le plus bête de France », et qui écrivait « qu'il avait été frappé de l'air vénérable des galériens », Vallès se sentit attiré, fasciné par l'idée de mettre le public dans la confidence de la cruelle enfance que lui avaient faite son père et sa mère. Sans conteste, elle était hardie et pas banale la tentative, et elle devait séduire cette nature dévorée d'amertume, de rancœurs et de regrets pour les tendresses dont il avait toujours été sevré.

Toutefois, par une évolution psychologique curieuse, le cœur ne suivit pas le cerveau dans la campagne entreprise contre ses parents et, une fois encore, le cœur dont ce faux sceptique niait la puissance, joua un mauvais tour à Jacques Vingtras.

L'écrivain, il est vrai, railla impitoyablement son père et sa mère et étala, sans vergogne, leurs ridicules au grand jour, mais le fils dissimula avec soin les sérieux et terribles griefs qu'il avait contre les siens, et ces griefs non seulement le public les ignore, mais même la plupart de ses amis n'en savent pas le premier mot.

Etrange délicatesse pour un monstre à face humaine qui a fait trembler d'horreur tant d'âmes sensibles.

Eh bien! voici la principale dette de reconnaissance que Vallès devait à l'auteur de ses jours :

Exaspéré de la répulsion que son fils montrait pour le professorat, furieux de son impuissance à dompter cette nature de fer, épouvanté à la pensée que les violences politiques, l'exaltation républicaine, les coups de tête de celui qui portait son nom pourraient nuire gravement à sa propre carrière, M. Vallès père s'entendit avec le préfet, aimable fonctionnaire qui ne s'arrêtait pas aux questions de détail et qui était bien aise de débarrasser le gouvernement d'un adversaire déjà redoutable.

En quelques jours l'affaire fut bâclée et le pauvre Vallès fut enfermé dans une maison de fous.

Les faits que j'avance là sont fort graves, ils sont en outre presqu'ignorés (1); je tiens donc à bien préciser, afin de ne pas être soupçonné de colporter un propos en l'air ou de rapporter un cancan anonyme.

C'est à moi, à moi-même que Vallès dévoila la plus horrible page de sa vie, et je n'étais plus un enfant lorsqu'il eut avec moi ce mouvement de douloureux épanchement.

Le malheureux resta six semaines dans cet enfer, six semaines pendant lesquelles il crut que la raison allait lui échapper; deux fois il tenta de se briser le crâne contre un mur. Une nuit, il se réveilla en sursaut, à moitié asphyxié : un de ses *camarades* dont la folie consistait à se croire chien, se tenait accroupi sur sa poitrine et lui léchait le visage. Il voulut se dégager, appeler au secours, l'aliéné lui fendit le crâne d'un coup de sabot et continua tranquillement ses immondes caresses.

(1) J'ai été le premier à dévoiler ce lugubre et sombre épisode de la vie de Vallès. Plusieurs biographes l'ont depuis reproduit, en négligeant de citer la source où ils avaient puisé. Un d'entre eux, dans une plaquette parue récemment, a même trouvé pratique de réunir les souvenirs personnels que je lui avais confiés sur mon ancien ami, d'y ajouter les renseignements publiés par moi, l'année dernière, dans *La Vie Moderne*, et de servir le tout au public comme une primeur printanière. Cela n'a pas d'importance; je désire seulement ne pas être accusé d'un plagiat malpropre et d'un vol d'autant plus plat que ma prétendue victime n'a pas de nom littéraire et est totalement inconnue.

Ce fut cette scène à la Poë qui le sauva. Transporté à l'hôpital de la maison, Vallès put gagner un infirmier qui le prit en pitié et qui fit parvenir une lettre à un ami. Celui-ci n'était pas commode ; il courut chez le père qui comprit, après un quart d'heure de conversation orageuse, qu'il allait être déshonoré par le scandale soulevé par une affaire de ce genre. Il céda ; le fils sortit de l'asile d'aliénés et, au prix de son silence, obtint enfin l'autorisation de s'installer à Paris.

⁂

Un enfant, jeté dans une fosse d'aisances par sa mère — après avoir été préalablement découpé en pas mal de morceaux — est assez heureux pour tomber sur un saint Nicolas quelconque qui le recole et le ramène à la vie. Le susdit enfant aura-t-il le droit de se refuser énergiquement à embrasser les pieds de la douce personne qui se serait portée sur lui à ce mouvement de vivacité regrettable ? — Oui, mille fois oui, et je pousserai même le manque absolu de sens moral jusqu'à absoudre le ressuscité, s'il avait la fantaisie de raconter, plus tard, comment sa mère lui avait appliqué, en naissant, ces premiers principes d'hygiène.

Malgré la preuve discutable de tendresse que je viens de citer — sans énumérer les autres, — Vallès pleura amèrement la mort de son père. Pendant une semaine, il resta barricadé dans la petite cabane dont j'ai parlé plus haut; fuyant les regards curieux des indifférents et les sourires railleurs des camarades, il ne voulut voir personne et ne montra ses yeux rouges qu'à la domestique qui apportait ses repas.

Quant à la mère Vallès, avec ses prunelles couleur d'asphalte, sa voix de castagnette, son crâne étroit, elle ne possédait pas plus d'instinct maternel qu'une tortue n'a de moustaches. Jamais elle ne montra la moindre confiance dans la valeur de ce « meurt de faim », de ce « vaurien de Jules », ainsi qu'elle appelait tendrement sa *progéniture*. Quand nous parlions devant elle du talent de son fils, elle se tordait de rire, en affirmant qu'il n'arriverait jamais à rien.

Lorsque Vallès accourut tout joyeux — ce naïf — lui apporter un exemplaire de l'*Argent*, son premier ouvrage, la bonne femme jeta le livre sur une table, sans le regarder, et n'en coupa même pas les feuillets.

Dans une lettre écrite à ma mère, justement au moment de la publication de l'*Argent*, je retrouve les traces de ces amers souvenirs :

Plût à Dieu, madame, que le hasard m'eût donné pour mère une femme vive et passionnée pour le bien comme celle qui a signé les quarantes lignes que je viens de lire.

Je n'aurais pas le front si triste, et je serais encore un poète; ma mère a écrasé les fleurs de mon âme sous son langage prosaïque et dur, et me voilà seul dans le monde aujourd'hui, avec des souvenirs douloureux, des craintes terribles, une sécheresse de cœur malheureuse!

Voyez-la donc, madame; j'ai été forcé, pour distribuer mes livres, d'appeler à mon aide trois ou quatre amis. C'est, pour moi, l'heure décisive; il ne faut rien épargner. Ma fortune dépend de mon livre. Eh bien! je n'ai pas un sou, et ma mère n'a pas eu la délicatesse, quand je lui en parlais hier, de me donner de l'argent.

. . . .

. . . .

Madame, je vous en supplie, au nom de ma mère et au mien, parlez lui.

Je me suis mis nu, j'ai tout engagé, tout, j'ai même passé du temps sans manger. Veuillez dire à ma mère, et vous le ferez pour m'éviter des douleurs nouvelles, que je lui enverrai la reconnaissance qu'elle me demande. En attendant, j'ai besoin d'argent. Il faut que mon livre soit distribué. Je perds un temps précieux. Veuillez demander vingt-cinq francs à ma mère pour moi. Je vous les rendrai, madame, pour que vous les rendiez vous-même.

Le cœur se souvient tôt ou tard; alors, une bourse, une fleur, une épée à la main, je paie ma dette . . . .

Oh! la triste page! comme ce cœur qui saigne entre les lignes semble peu appartenir à l'homme qui a jeté sur tout, partout et toujours son rire sceptique et implacable!

Bien souvent, j'ai rencontré celui qui s'est plu à se peindre comme le pire des fils, remontant, du centre de Paris, jusqu'à la rue de Fourcy, derrière le lycée Henri IV. Avant de dîner, il venait voir sa mère, prendre de ses nouvelles et lui apporter quelques romans illustrés, afin qu'elle ne s'ennuyât pas le soir. Puis, courbant le dos sous la pluie ou la neige, crotté comme un caniche, le col relevé, il regagnait en courant les boulevards.

Je m'arrête, car il y aurait des pages à écrire sur ce type de paysanne mâtinée de bourgeoisisme que Vallès a trop caricaturé et, à la fois, trop atténué. En réalité, madame Vingtras était moins grotesque, mais plus en bois, plus en zinc, plus en tôle ondulée, j'ajouterai même plus terrible que son portrait.

.·.

La vie nous sépara, l'auteur des *Réfractaires* et moi.

Je ne le vis plus que de loin, mais jamais son nom, grandissant de jour en jour, ne venait jusqu'à mes oreilles sans me causer un battement de cœur de plaisir et d'orgueil. Le succès semblait ratifier mon admiration d'enfant et me féliciter, pour ainsi dire, d'avoir compris et deviné une des grandes personnalités littéraires de notre époque.

L'année terrible passa comme un orage sur nos têtes : la guerre, l'invasion, le siège de Paris, la Commune, la répression de Mai. Je n'avais plus de nouvelles de Vallès et je le croyais perdu pour moi, lorsqu'après l'amnistie, sans se faire annoncer et sans crier gare, il vint, un matin, sonner à ma porte. Je lui sautai au cou et lui m'embrassa de bon cœur ; nous fûmes peut-être ridicules, car tous les deux nous étions émus comme dans un drame romantique, mais nous étions seuls, bien seuls et, ma foi tant pis, personne ne s'en aperçut.

Nos relations eurent, à cette époque, un regain de jeunesse. Fréquemment j'allais dîner chez mon vieil ami, rue Taylor, dans cet intérieur curieux où les bibelots à la mode et les œuvres d'art étaient remplacés par des images d'Épinal fixées au mur par des épingles. Lui, de son côté, nous demandait, de temps en temps, une place à la table de famille ; ces jours-là — jours de fête pour nous — il nous avertissait par un petit mot pour que la cuisinière ne mît pas d'oignons dans les sauces.

L'oignon et la bourgeoisie — l'oignon surtout — étaient ses irréconciliables ennemis.

Mon existence monotone et grise de *résigné* ne pouvait malheureusement convenir à cet éternel *révolté*. En outre, je lui laissais voir avec trop de franchise combien elle m'ennuyait, combien elle m'était même odieuse, cette misérable politique qui peut faire tomber un homme de talent jusqu'à un ministère et qui rattrapait, dans ses griffes sales, l'incomparable artiste que j'avais cru à jamais guéri de cette maladie bête.

Je jugeai délicat d'espacer mes visites de plus en plus.

Avec un abandon affectueux, une simplicité d'enfant, il m'écrivait pourtant quelquefois afin d'avoir mon avis sur ce qu'il faisait. — Mon avis, à moi ! sur ses œuvres à lui, Vallès ! — Une nouvelle surprise pour bien des lecteurs que la modestie de cet ogre orgueilleux.

Qu'on écoute ceci :

. . . .

J'ai encore un service à réclamer de vous. Je vous ai conté quelques épisodes qui ont paru vous avoir touché. C'est un signe qu'ils valent la peine d'être soumis au public — ils sont du tri qu'on doit garder. Je vous prie de jeter sur le papier TOUT CE QUI VOUS A FRAPPÉ, dans nos causeries sur l'insurrection (*), avec les arêtes qui vous ont paru vives, les mots, les paysages, les traits, les bouts de situation qui sont restés dans votre esprit, quoique dessinés à la fourchette plutôt qu'au burin, à table et non sur le manuscrit recopié.

N'oubliez rien — UN SOUVENIR DE RIEN DU TOUT prouve que CE RIEN DU TOUT est prenant, caractéristique, décisif. Il y aura des coups d'impression en dix mots, en deux lignes, rapportés par vous, qu'il sera bon de saisir et de fixer. J'ai souvent eu ces bonnes fortunes de racon-

---

(*) Il s'agit de l'*Insurgé*, qu'allait publier la *Nouvelle Revue*.

tage, quand je causais avec des amis capables, comme vous, de me comprendre et d'être émus de mon émotion. Remettez-moi debout mes petits scénarios parlés. Faites cela le plus tôt possible — Vous me remettrez dans le chemin, me ferez respirer de nouveau l'odeur que je dois mettre dans mon œuvre, et qui s'est évaporée au milieu de mes inquiétudes inattendues, de mes préoccupations intimes.

J'attends votre lettre comme un remontant, une goutte rattrapée en l'air, et qui est capable de donner la couleur et le ton à mon encre de certains chapitres

. . . .

La dernière lettre que je reçus de Vallès est typique. Je la copie tout entière parce qu'elle résume le laisser-aller charmant, la bonhomie tendre, la sensibilité naïve de cet ignoré qui n'a jamais voulu se comprendre lui-même et qui travailla sans relâche à dissimuler l'âme de poète dont, malgré lui, la flamme superbe faisait craquer le masque.

Mon cher Frantz,

Je comptais aller vous faire aujourd'hui ma visite de première année. Vous êtes chez vous le vendredi; j'étais sûr de vous rencontrer. J'ai malheureusement fait la noce hier. Au café du Gymnase, j'ai rencontré d'Aurevilly, et nous nous sommes jetés dans les bras l'un de l'autre De Maupassant, Bergerat, Paul Bourget ont trouvé drôle d'arroser de champagne cet accouplement de légitimistes et de communards. Ils nous ont traînés chez Bignon, et on a mené une vie de polichinelle. Je ne suis pas un sableur de champagne. Je sais qu'il y a au fond de la coupe une migraine. Je la tiens. C'est bien fait. Ajoutez au Rœderer, que j'ai mordu dans des sandwichs que je n'ai pas flairées à temps et qui avaient un goût d'oignon! L'oignon m'a travaillé ferme et je suis malade comme une bête.

Impossible d'aller rue de C... je le regrette fort. Je ne veux pas laisser passer la huitaine classique sans adresser à toute votre maison, à votre mère, à votre femme qui m'a si camaradément accueilli, aux enfants, à vous, l'expression d'une amitié bien sincère. Votre nom me rappelle le temps où je voyais avec terreur le berceau des années nouvelles! Il me rappelle aussi que je trouvais dans une maison, joyeuse de la joie des enfants adorés, des heures de calme et d'espoir, moi, le petit Vingtras qui n'avais que des souvenirs de famille douloureux!

Vingtras devenu grand, Vingtras à barbe blanche vous envoie l'expression de sa reconnaissance et de sa sympathie bien chaude en souvenir des années anciennes et pour les bonnes heures à venir.

Les bonnes heures à venir, hélas! ni pour lui, ni pour moi ces heures-là n'ont sonné.

La mort lui a frappé sur l'épaule et lui Vallès, lui, l'insoumis, lui, l'indiscipliné, lui, le réfractaire, il a fallu qu'il obéisse. L'ami du vieux temps, l'ami des jeunes ans, l'ami du frais passé, cet ami qu'on ne remplace pas, il est parti comme un indifférent, sans que nous ayons eu le temps de nous reprendre et de nous serrer la main; il est parti et nous ne nous reverrons jamais.

Quelle comédie vide et manquée que la vie!

FIN

TABLE

	Pages.
Beaumignon	1
Vieux Berceau	33
Le Premier coup de feu	45
La Petite Morte	57
Une Visite à Auteuil	75

TABLE DES MATIÈRES

	Pages.
Les Flamands	87
La Rentrée du Potache	95
Le Clown	107
Le Jour de l'An d'un divorcé	121
Mon dernier Concert	139
En Vacances	153
Génie civil	183
La Collection de Timbres-Poste	201
Jules Vallès ignoré	223

FIN DE LA TABLE

www.ingramcontent.com/pod-product-compliance
Lightning Source LLC
Chambersburg PA
CBHW062235180426
43200CB00035B/1762